Paul Deitenbeck / Gerd Rumler

Eigentlich nichts Besonderes

Begegnungen und Erfahrungen

R. Brockhaus Verlag Wuppertal

R. Brockhaus Taschenbuch Bd. 363

Für die Ausgabe als Taschenbuch bearbeitet und gekürzt
© 1979 R. Brockhaus Verlag Wuppertal

2. Taschenbuchauflage 1987

Umschlaggestaltung: Ralf Rudolph, Ratingen
Umschlagfoto: Foto Hoeppner, Lüdenscheid
Gesamtherstellung: Breklumer Druckerei Manfred Siegel

ISBN 3-417-20363-5

INHALT

VORWORT

Dieses Buch geht wesentlich auf zwei Faktoren zurück, die außerhalb meines Einflußbereiches liegen: auf das beständige Mahnen des Verlegers Rolf Brockhaus, die in langjährigem Dienst gesammelten Erfahrungen nicht für mich zu behalten, und auf die Tatsache, daß sich schließlich jemand bereit fand, dieses Buch zu schreiben.

Für mich ist das wichtig; denn zu den Leitsätzen meines Lebens gehört, daß ich mir nicht selbst die Tür aufmache; in die meisten Aufgaben, die ich in meinem Leben wahrzunehmen hatte, bin ich von Gott ohne mein Zutun hineingeschoben worden.

Die Übereinstimmung mit meinem Co-Autor hat es ermöglicht, dieses Buch in der ersten Person zu schreiben, ohne seine dialogische Entstehung zu leugnen. Dadurch mag sich an manchen Stellen, vor allem in den Einführungen zu den einzelnen Kapiteln, eine kritische Distanz finden, die über den Rahmen des Autobiographischen hinausgeht; das ist bewußt gewollt.

In diesem Buch wurden Episoden, Erfahrungen und Begegnungen unter dem Aspekt des Menschlichen am Christsein zusammengetragen. In dieser Auswahl, die auf jede Vollständigkeit verzichtet, liegt zugleich die Abgrenzung zur Autobiographie. Die gewählte Arbeitsweise macht es unmöglich, die Anteile beider Autoren nachträglich zu entflechten. Ich bin darüber froh; denn es erlaubt mir, mich ganz dazu zu bekennen und dennoch hinter das eigene Erlebnis, die eigene Erfahrung zurückzutreten.

Lüdenscheid, im Herbst 1978   Paul Deitenbeck

Meiner getreuen Hildegard
und unseren Töchtern
Magdalene und Monika

1. Kapitel

Im Kinderwagen zur Allianzversammlung

Kindheitserinnerungen

Mein Vater, der Werkmeister Gustav Deitenbeck, arbeitete viele Jahre in einer Lüdenscheider Fabrik, bevor er nach dem Tod seines Bruders in dessen kleinen Betrieb eintrat.

Ein Arbeiter, der sich in der Zeit vor dem Ersten Weltkrieg offen als Christ zu erkennen gab, hatte mitunter keinen leichten Stand. Auch mein Vater wurde von seinen Arbeitskameraden immer wieder gehänselt, weil er sich offen zu Jesus Christus bekannte. 19 Jahre lang hat er das durchgehalten und sich dabei immer bemüht, seinen Kollegen ein guter Kamerad zu sein. Wenn sie in Verlegenheit waren oder Sorgen hatten, wandten sie sich nicht selten an den Mann, den sie zu anderer Zeit gern zur Zielscheibe ihres Spottes machten. Ging in der Fabrik ein Gerücht um, dann hieß es: »Wenn du wissen willst, ob es wahr ist, dann frag' den Gustav Deitenbeck.«

Es gehörte zu den Pflichten des jungen Werkmeisters, in einem bestimmten Wohnhaus nach dem Rechten zu sehen und fällige Reparaturen auszuführen. Das Dienstmädchen, das dort den Haushalt versah, stammte aus einer Bergarbeiterfamilie im Ruhrgebiet. Die Leitungsrohre in diesem Haus müssen wohl besonders schadhaft gewesen sein, und den Wasserhähnen war offensichtlich das Tropfen nicht abzugewöhnen; denn der junge Mann mußte sich immer wieder damit beschäftigen.

Hatte er nach getaner Arbeit Haus und Keller verlassen, so fand das Dienstmädchen einen Apfel oder ein anderes kleines Angebinde auf der Treppe. Es dauerte eine Weile, bis sie den Werkmeister mit diesen Aufmerksamkeiten in Verbindung brachte; aber sie tat es rechtzeitig, bevor alle Reparaturen ausgeführt waren. Durch den jungen Werkmeister erhielt das Mädchen aus dem Ruhrgebiet dann auch den entscheidenden Anstoß zum Glauben an Christus. Später wurde sie Frau Deitenbeck.

Der kleine Paul erblickte als ihr viertes Kind das Licht Lüdenscheids. Mit der Tatsache, daß es mich gab, verband sich für meine Eltern schon nach wenigen Wochen ein einschneidendes geistliches Erlebnis; sie haben es mir später oft erzählt.

Als wenige Wochen alter Säugling bekam ich Brechdurchfall, eine damals gefährliche Kinderkrankheit. Der Arzt hatte den bleichen kleinen Wurm bereits aufgegeben, als mein Vater im Nebenzimmer niederkniete und Gott um das Leben des Sohnes bat, den er ihm erst vor so kurzer Zeit geschenkt hatte. Und tatsächlich kam wieder Leben in den kleinen Körper. Die Töne, die ich daraufhin von mir gab, waren sicher nicht sehr melodisch; für meine Eltern dürften sie trotzdem die schönste Musik gewesen sein. – So stand die Erfahrung, daß Gott auf Gebet antwortet, schon sehr früh über meinem Leben.

Der kleine P.D.

Das erste Verkehrsmittel, das mich zu christlichen Veranstaltungen brachte, war der Kinderwagen. Unbekümmert wurde der kleine Paul in Allianzveranstaltungen und Missionszelte hineingeschoben. Die ersten Kontakte zu Allianz und Zeltmission bahnten sich an, als ich noch Strampelhöschen trug. Ob ich damals schon auf meine Art mitgesungen habe oder ein stiller, zufriedener Zuhörer war, geht aus der Familienchronik nicht hervor.

Viel wichtiger für meine Entwicklung in jenen Jahren war die unbeschwerte Atmosphäre des Elternhauses. Vater und Mutter waren kindlich gläubige Menschen, die fröhlich aus ihrem Glauben lebten. Sie beteten mit uns Kindern, aber sie haben mich nie bedrängt – etwa in der Art: »Bekehre dich, oder ich schieße!« Und ich bin ihnen dafür bis heute dankbar.

Am Heiligabend galt bei uns das ungeschriebene Gesetz, daß der Jüngste als erster das Weihnachtszimmer betreten durfte; die anderen folgten in der vom Alter vorgegebenen Reihenfolge. Wenn mein wortkarger Vater sich dann mit der Bemerkung anschloß: »Und jetzt kommt meine Wenigkeit«, so war das mehr als ein Scherz; er war tatsächlich ein bescheidener Mann.

Entscheidend für meine eigene Entwicklung wurde das christliche Vorbild meiner Eltern, meiner älteren Geschwister Robert, Karl und Lydia und der Männer und Frauen aus der landeskirchlichen Gemeinschaft »Philadelphia«. In mir entstand so etwas wie Heimweh: Ich wollte auch so glauben können, so natürlich aus dem Glauben leben, so in der Bibel Bescheid wissen, so gelassen und glaubensheiter sein, wie ich es bei ihnen gesehen hatte.

Bei Kriegsende galten wir drei Brüder alle als vermißt. Damals war es, wie so oft, meine Mutter, die in ihrer stillen Art Familie und Freunde tröstete. Immer wieder zitierte sie jenen Glaubenssatz, der ihre Lebenshaltung vielleicht am deutlichsten kennzeichnet: »Unser Gott macht keine Fehler!«

Onkel Robert

Was wäre meine Kindheit ohne meinen Onkel Robert gewesen, einen der führenden Männer der Sauerländer Erweckungsbewegung. Kurz nach meiner Geburt ist er am Bett meiner Mutter niedergekniet und hat mein Leben dem Dienst im Reich Gottes anbefohlen. Gott hatte schon früh Menschen zur Hand, die darum besorgt waren, das Leben des Paul Deitenbeck in bestimmte Bahnen zu lenken.

Als junger Mann besuchte Onkel Robert die Glaubenskonferenzen in Bad Blankenburg. Dort begegnete er Männern wie Ernst Modersohn, Samuel Keller und Alfred Christlieb und lud sie zu Evangelisationen in die Lüdenscheider Schützenhalle ein. Auf seine Initiative hin schlug auch Jakob Vetter schon früh sein Missionszelt in Lüdenscheid auf; das zweite Zelt der Deutschen Zeltmission wurde 1905 sogar in Lüdenscheid eingeweiht.

Ich erinnere mich noch daran, wie meine Eltern bei diesen Zeltveranstaltungen mitarbeiteten. Zusammen mit anderen Mitgliedern unserer landeskirchlichen Gemeinschaft waren sie das, was wir heute »Seelsorgehelfer« nennen. Im Anschluß an die Zeltversammlungen sprachen sie mit den Besuchern, die noch Fragen hatten. Nach solchen Zelteinsätzen verzeichnete unsere Gemeinschaft dann jeweils 30 bis 40 neue Mitglieder.

Sonderbusse und Pkw-Abholdienste kannte man damals noch nicht. Mangels anderer Möglichkeiten folgte man dem apostolischen Vorbild: Auf eigenen Füßen bewegten sich, wie zur Zeit der ersten Christen, alle Gemeindeglieder durch die Straßen. In Scharen zogen die Menschen auf dem Heimweg durch die Stadt und sangen dabei die Lieder, die sie im Zelt gelernt hatten.

Manchen Gruppen blieb viel Zeit zum Singen; denn der Rückweg in ihre abgelegenen Dörfer war weit. Auch tagsüber konnte man in jenen Tagen aus den Fenstern der Fabriken Heilslieder hören. Ein Lied, das wir damals oft sangen, ist mir im Gedächtnis geblieben: »Im Himmel ist ein Plätzle für di und mi, für di und mi, und willst du an das Plätzle, so komm, bekehre di.«

Aber nicht nur auf den Straßen und in den Fabriken, auch bei uns zu Hause wurde viel gesungen. Nachmittags, wenn der Vater und die älteren Brüder noch in der Fabrik waren, stimmte die Mutter so manches Lied an, und meine Schwester sang die zweite Stimme dazu. So wurde ich schon als Bub mit dem erwecklichen Liedgut vertraut, das mein Leben und meinen Dienst wesentlich prägen sollte.

Onkel Robert blieb Junggeselle. Einmal, so hat er es jedenfalls seiner Schwester erzählt, habe er nachts geträumt, daß er sich verlobt hätte – und das habe ihm gereicht. Er ist aber wohl auch deshalb ledig geblieben, um zum Dienst für Christus ganz frei zu sein.

Er war Kaufmann und hat später eine kleine Fabrik aufgebaut. In seinem Büro hing das damals bekannte Bild vom 1000jährigen Reich, das Löwe und Lamm friedlich nebeneinander darstellt. In den Kontobüchern seiner Firma stand auf dem Titelblatt »Mit Gott«, und das war mehr als eine Phrase; denn der Onkel sah seinen Beruf als Dienst unter Gottes Augen an.

In der Familie erzählt man sich, daß er bemüht war, jede freie Minute auszunutzen; so hatte er den täglichen Gang von und zur Fabrik zur Lektüre bestimmt. Das gelang ihm mit folgendem Trick: Er setzte den einen Fuß auf den erhöhten Bürgersteig, den anderen auf den Straßenrand. So fand er den Weg, ohne die Augen allzuoft von seinem Lesestoff abwenden zu müssen.

Als in seiner Umgebung einige Leute Christen geworden waren, mietete er eine Etagenwohnung und richtete sie für die Bedürfnisse einer christlichen Gemeinschaft ein. Ein gemischter Chor und ein Missions-Nähverein entstanden. Als die Wohnung zu eng wurde, begann man auf eigene Kosten das Vereinshaus Immanuel zu bauen, das 1905 eingeweiht wurde. Dieses Gemeindehaus ist für viele Jahre auch meine Glaubensherberge gewesen. Onkel Robert gründete auch den Blaukreuz-Verein und den CVJM. So viel kann ein einzelner Mann für seine Umgebung bedeuten.

Manche Menschen haben durch Robert Deitenbeck den entscheidenden Anstoß zum Glauben bekommen, darunter Vater Leporin, der dann über 50 Jahre Vorsitzender des Lüdenscheider Blaukreuz-Vereins gewesen ist, und der Schleifermeister Kaspar Moos. Das war ein Komiker, der seinesgleichen suchte; bis zu seiner Bekehrung war er bei der Heimatbühne »Allotria« aufgetreten. Nach verschiedenen Gesprächen mit Onkel Robert wurde er Christ und vollzog eine Kehrtwendung um 180 Grad – was keinesfalls heißt, daß er seinen Humor verloren hätte.

Schleifermeister Moos und die Frauenemanzipation

Kaspar Moos war Missionar, wo er ging und stand: auf der Straße, auf dem Markt, später im Omnibus und in der Bahn. In seiner freien Zeit wanderte er viel über Land, besuchte die einzelnen Gehöfte oder die Arbeiter, die beim Bau der Verse-Talsperre beschäftigt waren, verteilte Traktate und führte Gespräche. Wenn ich ihn traf, klopfte er oft auf seine Rocktasche und sagte: »Ich habe immer Munition bei mir«; er meinte die christlichen Verteilblätter, die er stets bei sich trug.

Natürlich entwickelte ein Mann wie Kaspar Moos auch bei der Bibelauslegung seine eigenen Gedanken. Sie hatten mit Schultheologie nicht viel gemein, sondern waren geprägt von der schlichten Art der Arbeiter und Bauern, mit denen er seine Glaubensgespräche führte. So pflegte er zu sagen: »Christus & Co, das taugt nichts« – und drückte damit auf seine Weise aus, daß schief liegt, wer zu Jesus als Heilsvoraussetzung noch etwas hinzufügen will.

Damals waren die klugen Leute, die später unter dem Stichwort »Emanzipation der Frau« gewiß viel, aber nicht nur Richtiges zu sagen wußten, noch nicht geboren. Der Schleifermeister Moos löste für sich das Problem der Stellung der Frau mittels einer Volksexegese, der man zumindest Originalität nicht absprechen kann: Die Frau, so etwa argumentierte er, soll das Herz des Mannes sein, denn sie ist aus seiner Rippe, und das heißt aus der Herzgegend gemacht. Wäre sie aus seinen Füßen geschaffen, so würde sie den Mann dauernd treten. Hätte Gott als Grundstoff der Frau aber gar ein Stück vom Kopf des Mannes genommen, so wäre die Frau diesem geistig vermutlich überlegen. Aber weder von geschwungenen Pantoffeln, noch von biedere Männergedanken überflügelndem Frauengeist hielt der fromme Kaspar Moos sonderlich viel. Als Mann evangelisierte er vorwiegend unter Männern, eine gute Sitte, die uns heute ein wenig aus dem Blickfeld geraten zu sein scheint. Dem guten Kaspar ist dadurch vielleicht manche Gefährdung erspart geblieben.

Anläßlich seiner Goldenen Hochzeit traf sich eine ganze Schar von Leuten, denen er auf dem Weg zum Glauben an Jesus geholfen hatte. Es waren viele gestandene Männer aus der Gemeinschaft und aus dem Blauen Kreuz darunter. Ich empfand das fröhliche Familienfest wie ein Stück Erntedank.

Moos wohnte in der Heedfelder Straße. Als er eines Abends gegen halb elf aus der Bibelstunde kam und eben die Haustür aufschließen wollte, sah er auf der Straße einen Betrunkenen dahertorkeln und fallen. Er half ihm wieder auf die Beine und fragte ihn, wo er denn wohne. »In Hülscheid«, lallte der andere. Wenn man gut ausschreitet, braucht man bis dahin etwa eine Stunde. Der Mann, der aus der Bibelstunde kam, faßte den Betrunkenen beim Arm und brachte ihn – mal zog er ihn, mal sank der hin – nach Hause. Es war 3 Uhr morgens, als Kaspar Moos die eigene Haustür wieder erreichte; um 6 Uhr begann sein neuer Arbeitstag. Ich weiß nicht, ob ich das getan hätte; aber hier wird für mich ein Stück wahrer Gottesdienst sichtbar.

»Lange Haare sind gut für den Winter«

Wir wohnten damals, ich war noch ein kleiner Junge, in einem Mietshaus in einer stillen Nebenstraße. Das Haus gehörte einem Schornsteinfegermeister, der im Erdgeschoß wohnte und auf uns Kinder einen tiefen Eindruck machte. Rußig-schwarz kam er meist abends gegen 6 Uhr nach Hause und stieg als erstes in die Badewanne. Wenn wir hinter dem Haus spielten, hörten wir ihn durchs geöffnete Badezimmerfenster fröhlich pfeifen.

Zu dieser bewußt katholischen Familie unterhielten wir ein gut nachbarliches Verhältnis. Wir Kinder waren unzertrennlich, musizierten gemeinsam, verübten im Garten und auf der Straße aber auch Streiche, über die unsere Eltern weniger beglückt waren.

Mich pflegte der Schornsteinfeger, auf meinen Vornamen anspielend, gerne ein wenig zu hänseln. »Paulus schrieb an die Korinther, lange Haare sind gut für den Winter«, rief er durchs offene Zimmerfenster, wenn er mich im Garten sah oder mir auf der Straße begegnete.

Einmal war der Schornsteinfeger von der Leiter gestürzt und mit lebensgefährlichen Verletzungen ins Krankenhaus eingeliefert worden. Als am Abend die Krise eintrat, wurde mein Vater gerufen, obwohl er evangelisch war. Er hat über dem Kranken gebetet, und am anderen Morgen war die Wende da; es ging wieder bergauf. Der Verletzte wurde völlig gesund und konnte später seinen Beruf wieder ausüben. Ärztliche Betreuung und Glaubensgebet – man muß das nicht unbedingt auseinanderdividieren und die Anteile in Prozenten ausrechnen wollen.

Verpaßte Glanzleistungen: die Schulzeit

In die Schule ging ich manchmal gern, und manchmal, weil ich mußte. Glanzleistungen, die der Nachwelt erhalten bleiben müßten, habe weder ich in der Schule, noch hat sie die Schule an mir vollbracht. Bis heute nicht vergessen aber habe ich, daß unser Lehrer eines Tages zu uns sagte: »Ihr müßt vor jeder Schwester die Mütze abnehmen und sie grüßen, auch wenn ihr sie nicht kennt; denn sie lebt ein Leben im Dienst des Nächsten.« Es gab zu jener Zeit praktisch nur diakonische Schwestern, und ich habe mir die Ehrfurcht vor dem Dienst der Diakonisse bis heute erhalten; auch heute noch grüße ich jede Schwester.

Später bekam ich lange Hosen, eine neue Schultasche und wurde aufs Gymnasium geschickt. Zu jener Zeit gehörten originelle Lehrertypen gewissermaßen zum Lehrplan jeder höheren Schule, und die Lüdenscheider bildete da keine Ausnahme.

Eines Tages hatten wir Religionsunterricht, und der Schulrat war angesagt. Unser Lehrer wollte mit dem Stoff nicht vor Eintreffen des wichtigen Mannes beginnen und erzählte deshalb, von uns Schülern begierig aufgenommen, Lüdenscheider Alltagsgeschichten. Als es an die Tür klopfte, brach er jäh ab, hob die Stimme und fuhr dann, nun im dozierendem Tonfall, fort: »Das also ist die Innere Mission, meine Herren.« Die Tür ging auf – herein aber traten nicht der Schulrat und seine Begleiter, sondern die auswärts wohnenden Schüler, deren Bus sich verspätet hatte.

Unser Zeichenlehrer, redlich bemüht, uns ein wenig Kunstverstand und Kunstfertigkeit beizubringen, liebte die schriftliche Formulierung, und zwar vor allem in Gestalt ebenso pointierter wie manchmal ausführlicher Klassenbucheintragungen, die wir mit Wonne auswendig lernten.

14

Da hieß es dann etwa: »Als ich mit meiner Zeichenklasse die Sauerfelder Straße hinunterging, kam uns ein Mädchen vom Lyzeum entgegen. Sofort setzte bei meinen Schülern ein lebhaftes Huhu-Rufen ein. Als ich mit meinen Ermahnungen, dieses Gerufe einzustellen, nicht durchdrang, sah ich mich gezwungen, meine Truppe zurückzuziehen.«

Einmal sollten wir Früchte zeichnen, und zwar nach zu diesem Zweck mitgebrachten natürlichen Vorbildern. Ein Schüler präsentierte sich als stolzer Besitzer einer Banane; er aß sie genüßlich und legte lediglich die Schale auf den Tisch. Prompt ahndete der Lehrer solche Missetat mit der Klassenbucheintragung: »Pieper verzehrt sein Modell.«

Schließlich wurden wir für würdig befunden, malerische Winkel Alt-Lüdenscheids. an Ort und Stelle zu skizzieren. Eine dieser romantischen Ecken erhielt durch eine in der Nähe gelegene Konditorei besonderen Reiz. Natürlich war es uns verboten, diese während des Unterrichts zu betreten, aber einer hatte es doch fertiggebracht, sich unbemerkt fortzustehlen, eine Tüte voll Gebäck zu erstehen und mit dieser, auf der Suche nach einer besonders eindrucksvollen Perspektive, ein im 1. Stockwerk gelegenes Fenster zu erreichen. Der Böse aber warf von diesem erhöhten Standpunkt aus nun nicht mit Blicken, sondern mit Plätzchen um sich, wobei wir anderen, die wir im Schweiße unseres Angesichts die Zeichenblöcke bearbeiteten, uns als im doppelten Sinne dankbare Zielscheiben anboten, denn die Plätzchen waren gut.

Es kam, wie es kommen mußte: Eins der zuckerbäckerischen Meisterwerke traf den vorbeigehenden Zeichenlehrer auf den Kopf, und zwar vermutlich ein wenig schmerzhaft, denn seine Künstlermähne hatte bereits – wenn auch sicher nicht, um dem listigen Schützen das Zielen zu erleichtern – einer stattlichen Glatze weichen müssen. Der also Gequälte schrieb daraufhin ins Klassenbuch: »Müller wirft seinem Zeichenlehrer ein Gebilde aus Kuchenteig an den Kopf.«

In der Oberstufe unterrichtete uns Studienrat Borchers in Deutsch und Religion. Er hat mir die grundlegenden

Schritte selbständigen Denkens beigebracht, und zwar so, daß sie mich nicht von meinem Christsein wegführten, sondern dieses im Gegenteil vertieften. Als mein Vater vor dem Abitur in die Schule kam, um sich zu erkundigen, zu welchem Beruf sein Sprößling denn wohl Veranlagung zeige, da war es Studienrat Borchers, der ihm den Rat gab: »Lassen Sie ihn Pastor werden; denn bei ihm blickt in jedem Aufsatz der Glaube durch.«

Theorie und Praxis

Daß in meinem Leben der Glaube zunehmend »durchzublicken« begann, verdanke ich aber nicht nur Akademikern wie Studienrat Borchers, sondern neben vielen anderen auch dem Schuhmachermeister Fritz Klein. Er arbeitete im CVJM und in der landeskirchlichen Gemeinschaft mit und war ein Mann, der in der Bibel Bescheid wußte. Als Oberschüler und später als Student habe ich oft in seiner Werkstatt gesessen. Während er kleine Holznägel in frisch aufgelegte Schuhsohlen schlug, unterhielten wir uns über den Glauben. Das war biblische Unterweisung ohne aufgeschlagene Bibel, ohne laut gesprochene Gebete. Wenn er meine Fragen beantwortet hatte, zog er einen anderen Stiefel auf den Leisten, und ich war entlassen. Irgendwie hatte die Werkstatt für mich von Anfang an ihren Platz neben Schulklasse und Hörsaal; die Praxis behauptete neben der Theorie ihren Anspruch.

Das Anschlußgleis

So hat es sich ergeben, daß ich Pfarrer wurde, ohne daß sich für mich damit ein besonderes Berufungserlebnis verband. Trotzdem würde ich heute, stünde ich erneut vor der Wahl, ohne Zögern den gleichen Beruf ergreifen: denn es ist für mich mehr als Beruf, ich bin darin nicht nur glücklich, sondern ich darf darin aufgehen.

Mit dieser persönlichen Erfahrung habe ich schon manchem helfen können, der vergeblich auf ein spezielles Berufungserlebnis gewartet hatte. Aber Gott hat es uns nicht zugesagt.

Natürlich gibt es auch besondere Berufungserlebnisse, aber man darf sie nicht zum Schema machen. Bei mir ging alles seinen ganz natürlichen Weg: Der Lehrer war dafür, auch mein alter Konfirmator redete zu. So ergab sich als Anschlußgleis nach dem Abitur das Theologiestudium gewissermaßen von selbst. Ich packte meine paar Habseligkeiten zusammen und ging nach Münster.

2. Kapitel

»Entscheidend ist, daß Gott für uns ist«

Studentenzeit in Münster und Tübingen

Damit eröffnete sich für mich eine neue Welt. Ich bezog eine Studentenbude in der Gralstraße in Münster und lernte die DCSV, die Deutsche Christliche Studentenvereinigung, kennen. Wir hatten unsere eigenen Bibelstunden, und an den Samstagen gingen wir in die Universitätskliniken zum Kurrendesingen.

In Münster brachten die Kommilitionen dem Studenten Deitenbeck bei, was er unter Budenzauber zu verstehen hatte. Als ich eines Abends nach Hause kam, war mein ganzes Bettzeug weg. Verdutzt und hilflos starrte ich auf die blanke Matratze, die von allem, was mir nachts lieb und teuer war, allein übriggeblieben war; vermutlich weil das Zimmer für Objekte dieser Größenordnung keine geeigneten Verstecke bot. Nach und nach fand ich dann Kissen, Laken und Decken wieder und ließ mich erleichtert ins frisch gemachte Bett fallen. Aber die Freude war von kurzer Dauer: um 11 Uhr schreckte mich ein Wecker aus dem Schlaf, und dieses neckische Spiel wiederholte sich alle Stunden, bis morgens um 3 Uhr. Nicht weniger als fünf Wecker hatten die Brüder hinter dem Ofenrohr versteckt und jeweils um eine Stunde später eingestellt. Um 3 Uhr begriff ich dann endlich, was die Stunde geschlagen hatte.

In Münster wie in Tübingen habe ich eine unbeschwerte Studentenzeit erlebt. Gemeinsam unternahmen wir viele Wanderungen. In Tübingen schlenderten wir manchmal abends noch zum Neckar hinunter, stiegen in einen der dort liegenden Kähne und sangen in der hereinbrechenden Nacht auf dem Fluß die alten Handwerks-, Wander- und Liebeslieder.

In die Studienjahre fallen aber auch entscheidende Begegnungen mit Männern, die mein Christsein und meinen späteren Dienst geprägt haben.

Otto Schmitz: »*Entscheidend ist, daß Gott für uns ist.*«

Zu ihnen gehörte Professor Otto Schmitz in Münster, ein Mann mit einem goldenen Humor, der aber auch bereit war, die eigene Haut zu Markte zu tragen. Als der westfälische Präses Koch eine eigene Bekenntnissynode ausrief, stellte sich Schmitz sofort an seine Seite und wurde als Universitätsprofessor prompt seines Amtes enthoben. Als wir Studenten von der DCSV die Nachricht von seiner Entlassung erhielten, zogen wir noch am gleichen Abend vor seine Wohnung und sangen ihm ein Lied. Er kam zur Tür, und seine Stimme schwankte etwas, als er zu uns sagte: »Ich halte es mit dem Wort: ›Gott, dein Weg ist heilig‹.«

Obwohl er bereits entlassen war, hielt er uns zum Semesterabschluß noch einen Abendmahlsgottesdienst. Er sprach über Römer 8,31: »Ist Gott für uns, wer mag wider uns sein?« und begann seine Predigt mit den Worten: »Das Entscheidende ist nicht, daß wir für Gott sind; entscheidend ist, daß Gott für uns ist.« Dieser Satz, in jener bestimmten Situation gesprochen, hat sich mir bis heute eingeprägt.

Otto Schmitz war Lehrer und Seelsorger in einer Person. »Man merkt es einem Studenten an, ob er mit dem Herzen dabei ist«, erklärte er manchmal im Seminar, »auch wenn er nur den griechischen Urtext vorlesen muß.« Wer in seine Sprechstunde kam, wurde immer wieder auch auf die persönlichen Belange angesprochen: »Haben Sie eine nette Bude?« – »Ist Ihre Wirtin nett zu Ihnen? Spendiert sie Ihnen sonntags schon mal einen Pudding oder einen Kaffee und ein Stück Kuchen?« Auch die Frage nach dem körperlichen Wohlbefinden vergaß Schmitz nicht.

Am 1. Advent waren wir Studenten von der DCSV abends immer in seine Familie eingeladen. Jeder bekam einen Teller mit Gebäck – Studenten hatten ja immer Hunger –, einen Apfel und ein kleines Kärtchen. Otto Schmitz las eine Geschichte vor und hielt eine kurze Andacht. Im

Wohnzimmer hing, in Holz geschnitzt, das Bibelwort: »Dieser nimmt die Sünder an und ißt mit ihnen.« Damit hatte der Theologe Schmitz uns eigentlich das Wesentliche gesagt.

Noch einen anderen Satz, den ich bei ihm gehört habe, werde ich nie vergessen: »Es gibt eine Berufung durch die Kirchenleitung und eine Berufung durch den Heiligen Geist; und das Schönste ist, wenn beides zusammenfällt.«

Grützmacher: die Pfeife im apostolischen Zeitalter

Professor Grützmacher las Kirchengeschichte und war ein wackerer Pfeifenraucher. Morgens in der zweiten Vorlesung wandte er sich einmal an einen Studenten: »Ach, Herr Kommilitone, würden Sie mir freundlicherweise meine Pfeife holen? Ich habe sie im apostolischen Zeitalter liegengelassen.« (Er hatte in der ersten Kollegstunde in einem anderen Hörsaal Frühe Kirchengeschichte gelesen.) Und er hat es – mit und ohne Pfeife – verstanden, uns die großen Gestalten der Kirchengeschichte nahezubringen. Meine besondere Liebe für die Väter des Glaubens verdanke ich nicht zuletzt ihm.

Apropos Pfeife: Paul Humburg – obwohl selbst einer guten Zigarre nicht abgeneigt – knöpfte sich einmal seine Theologiestudenten vor: »Liebe Brüder, eure Finger sprechen eine deutlichere Sprache als eure Rede.« Besagte Finger waren nämlich zum Teil gelb vom Zigarettenrauchen. Paul Humburg fügte hinzu: »Stellt euch vor, ihr sollt der Gemeinde das Abendmahl austeilen und haltet den Kelch in solchen verrauchten Pfoten. Meint ihr, das würde die Andacht der Gemeindeglieder fördern?«

Paul Humburg: Duldet keine unklaren Verhältnisse«

Besonders eindrücklich waren Paul Humburgs Auslegungen über den älteren Bruder im Gleichnis vom Verlorenen Sohn. Er charakterisierte jenen als fromm, aber nicht froh. Manchmal habe ich den Eindruck, der Verlorene Sohn verfüge auch heute über eine stattliche Verwandtschaft. Humburg hat über dieses Gleichnis später das Buch »Die ganz große Liebe« geschrieben.

Überhaupt waren Humburgs Predigten von einem ungeheuren Ernst gekennzeichnet. Er liebte am Abend das gesellige Gespräch, aber wenn er den Eindruck hatte, dabei zuviel gescherzt zu haben, konnte er sagen: »Jetzt bin ich wohl etwas in den Witzgeist geraten.« Für ihn gab es da eine Grenze, und er achtete sehr darauf, daß er sie nicht überschritt.

Humburg besaß ein feines Gespür für die gegenseitigen Beziehungen unter Christen. Eine seiner Mahnungen an die Mitglieder von Kirchenvorständen, Presbyterien und sonstigen Leitungsgremien lautete: »Brüder, duldet keine unklaren Verhältnisse.« Es lag ihm besonders daran, daß es zwischen den Mitgliedern solcher Gremien keine unausgesprochenen Differenzen gab: alles sollte durchsichtig und klar sein.

Reinald von Thadden: von der DCSV bis zum Kirchentag

In jenen Jahren lernte ich auch Reinald von Thadden kennen, der mehrere Jahre Vorsitzender der DCSV war und später Präsident des Deutschen Evangelischen Kirchentags wurde. Als wir einmal im Wartesaal des Bahnhofs von Münster mit ihm zusammensaßen, erzählte er aus seiner Heimat Trieglaff, wo schon seine Vorfahren mehrere Rittergüter besaßen. Damals war es üblich, daß die Leute, die auf dem Gut arbeiteten, sich am Verhalten des Gutsherrn orientierten. Ging dieser mit seiner Frau zum Gottesdienst, so folgten die Leute seinem Beispiel. Blieb er fern, so nahmen Knechte und Mägde das gleich Recht für sich in Anspruch.

Beeindruckend war nicht nur die großzügige Gastfreundschaft, mit der von Thadden sein Haus zur Verfügung stellte, sondern vor allem sein praktisches Christsein. Dadurch wurde dieser Mann zu einer Stütze des erwecklichen Lebens in Pommern. Er folgte damit der pietistischen

Tradition der Familie; durch einen seiner Vorfahren soll Bismarck den entscheidenden Anstoß zum Glauben bekommen haben.

Später hat uns von Thadden in Lüdenscheid mehrmals besucht und mir dabei auch das Projekt des Kirchentags, das ihn damals beschäftigte, erklärt. Er verstand ihn als eine Laienbewegung innerhalb der evangelischen Christenheit, die auch auf die praktischen Fragen, mit denen der Christ im Alltag konfrontiert wird, eingehen sollte.

Walter Michaelis: der Mann, der uns nicht warten ließ

Anläßlich einer Studentenfreizeit lernte ich Walter Michaelis, den langjährigen Präses des Gnadauer Verbandes, kennen. Wir Studenten waren damals bei ihm eingeladen, standen bescheiden an der Haustür und schellten. Nun konnte man vom Treppenabsatz aus genau ins Arbeitszimmer von Michaelis sehen: er saß am Schreibtisch und schrieb einen Brief, doch sobald die Glocke ertönte, legte er den Federhalter weg und kam sofort an die Tür, um uns zu öffnen. Die gleiche Beobachtung habe ich bei späteren Begegnungen mit Michaelis immer wieder gemacht. Er war geistlich nüchtern und ein Mann innerer Vornehmheit; sein Takt gebot ihm, immer sofort für den anderen da zu sein.

Wenn wir nach Veranstaltungen mit Michaelis zusammensaßen, erzählte er gern von den verschiedenen Erweckungsbewegungen, besonders aus Ostfriesland, wo er sie zum Teil selbst miterlebt hatte. »Erweckungen«, erklärte er dann, »werden manchmal durch jahrelanges Beten treuer christlicher Gruppen ausgelöst. Sie können sich aber auch da ereignen, wo gar nicht gebetet worden ist; dann treten sie unerwartet wie ein Naturereignis ein, wie ein Blitzstrahl aus heiterem Himmel.« Darum dürfe man nie den Schluß ziehen, daß eine Zeit ohne Erweckung auf eine Generation ohne Glauben zurückzuführen sei. Umgekehrt sei eine Erweckung nie das Verdienst einer besonders gläubigen Gemeinde.

Gott ist es, der Erweckung schenkt, und er kann sie wie

ein Gewitter über uns hereinbrechen lassen. Deshalb gibt es dafür keine ablesbaren oder vorherbestimmbaren Gesetzmäßigkeiten, auch haben wir nie das Recht, geistliche Zensuren zu verteilen und dabei Erweckungsgebiete besser zu benoten als Gegenden, in denen es nur bescheidene oder gar keine erwecklichen Ansätze gegeben hat.

Entscheidende Begegnungen mit Karl Heim

Von allen meinen theologischen Lehrern hat mich Karl Heim am stärksten beeindruckt. Das hängt damit zusammen, daß er es war, der mir den letzten Anstoß gab, mein Christsein, das im Laufe der Jahre gewachsen war, nun definitiv »festzumachen«.

Es begann mit einer Predigt Heims über das Gleichnis vom Armen Lazarus in der vollbesetzten Tübinger Stiftskirche. Heim sprach ruhig, keineswegs impulsiv, fast hatte man den Eindruck, daß er seine Predigt ablas. Trotzdem ging von seinen Worten eine starke Kraft aus. Man sagt, Heim habe sich jeweils von Samstagmittag an eingeschlossen, um sich auf den Gottesdienst am Sonntag vorzubereiten.

Die Predigt, von der ich spreche, begann etwa mit dem Satz: »Die Lebensbeschreibungen, die wir in Büchern lesen, hören da auf, wo die Geschichte unseres Textes anfängt.« – Damit hatte er sofort die Aufmerksamkeit der Zuhörer gewonnen. Im Verlauf des Gottesdienstes entschloß ich mich, diesen Mann aufzusuchen und mit ihm zu sprechen.

Heim hielt seine Seminar-Sprechstunden damals im neuen Universitätsgebäude. Eine solche Gelegenheit wollte ich nutzen, doch als ich ankam, warteten bereits acht Studenten vor mir auf ein Gespräch mit dem Professor. Ich dachte: Hoffentlich macht er Schluß, bevor du dran bist. Man wird in solchen Situationen ja oft von sehr zwiespältigen Gefühlen befallen; viele Menschen sind nie unsicherer und wankelmütiger gewesen als in dem Augenblick, wo es galt, sich für Christus zu entscheiden. Aber dann war der Weg vor mir frei; ich klopfte an und trat ein.

Heim erwartete zunächst, daß ich über ein theologisches Problem mit ihm sprechen wollte. Aber ich stieß hervor: »Ich möchte endgültig Ernst machen mit Jesus. Ich möchte persönlich glauben.« Dann erzählte ich ihm von meiner Kindheit, meinen gläubigen Eltern, von den Erfahrungen, aber auch von den Zweifeln der letzten Jahre.

Heim hörte mir ruhig zu.

Dann sagte er nur: »Da können Sie aber sehr dankbar sein. Sie brauchen nichts weiter zu tun, als Ihr Leben mit allem, was Sie sind und haben, an Jesus auszuliefern, ganz kindlich und schlicht. Und dann stellen Sie sich unter die Führung Jesu.«

Kein Appell, kein Gebet, keine Aufforderung, selbst zu beten, nichts. Heim gab mir nur die Hand und sagte: »Auf Wiedersehen!«

Ich kehrte geradewegs in meine Studentenbude zurück, kniete nieder und weinte vor Freude. Meine Eltern merkten anschließend an den Briefen, daß mit mir eine Veränderung vorgegangen sein mußte. Und auch die Kommilitonen fragten: »Was ist eigentlich los mit dir?«

So bin ich zum Glauben an Jesus Christus gekommen: ohne jedes Drängen, ohne formellen Akt. Niemand hat zu mir gesagt: »Jetzt mußt du niederknien und beten« – obwohl ich es bestimmt getan hätte. Ein Mann, bei dem ich spürte, daß er ein Priester war, gab mir die Hand. Das war alles. Für mich ist dies ein eindrückliches Beispiel dafür geworden, daß es für die innere Umkehr eines Menschen, für seine Heimkehr zu Gott keine Schablonen und Formeln gibt. Gott hat unendlich viele Möglichkeiten, mit einem Menschen zu handeln und ihm zu begegnen, und wir haben ihm nicht vorzuschreiben, welche er im Einzelfall jeweils anzuwenden hat.

Offener Abend bei Adolf Schlatter

Adolf Schlatter hielt, als ich in Tübingen studierte, keine regelmäßigen Vorlesungen mehr. Aber montags war bei Schlatters Offener Abend. Für 28 Studenten war Platz.

Schlatters Tochter Dorothee hatte das Amt des Pförtners inne und zählte ab; wer zu spät dran war, mußte umkehren.

Die gute Dorothee – wenn einer von uns sich einmal besonders in Schale geworfen hatte, brummte Schlatter: »Du willst wohl meiner Dörthe den Hof machen, wie?«

Offener Abend – das bedeutete zwanglose Gespräche bei einer Tasse Tee. Schlatter reichte eine Kiste Zigarren herum, aber wir Studenten zögerten anfangs und wußten nicht so recht, wie wir uns verhalten sollten. Schlatter sah sich prüfend im Kreis um. »Na, dann will ich mal der erschte schein, der schündigt«, meinte er in seinem schweizerischen Dialekt.

Damit war der Zeremonie Genüge getan. Jetzt forderte er uns zum Gespräch heraus: »Nun schießt mal los!« Und dann wurden alle möglichen Fragen diskutiert und erörtert. Schlatter, von Statur ein kleiner Mann, konnte dabei so impulsiv werden, daß er auf einen Fragesteller losging und ihn am Kragen packte. Pünktlich um Viertel vor zehn aber zog er seine Uhr, sagte: »Gute Nacht, meine Herren, jetzt ist es Zeit, ins Bett zu gehen«, und stand auf. Was blieb uns anderes übrig als das Feld zu räumen.

Es ist bekannt, daß Schlatter auf sein Äußeres wenig Wert legte. An ihm ist gewiß kein Schneider reich geworden. Als er einmal in nicht eben gesellschaftsfähigem Aufzug in sein Haus an der Olgastraße zurückkehrte, begegnete ihm auf der Treppe ein von oben herabkommender Bettler und gab ihm den kollegialen Rat: »Du brauchst gar nicht erst hinaufzugehen, der Alte ist sowieso nicht da!«

An Schlatters 80. Geburtstag veranstalteten wir zu mehreren 100 Theologiestudenten einen Fackelzug vor seinem Haus. Der Sprecher der theologischen Fachschaft gab dem Wunsch Ausdruck, der Herr Professor möge uns noch viele Jahre erhalten bleiben. Worauf Schlatter prompt entgegnete: »Noch vier Schemeschter!«

Schlatter hat es dann doch noch ein wenig länger auf dieser Erde ausgehalten und mit über 80 Jahren seine wertvollsten Kommentare geschrieben. Wenn ihm danach zumute war, zitierte er in seinen Vorlesungen auswendig längere griechische Texte. Eins aber hat er uns immer wieder eingeprägt: »Auf den Seh-Akt kommt es an!« Wir sollten lernen, einen Text in seiner Gesamtheit zu betrachten, das Besondere eines Abschnitts, den Skopus, das Proprium des Textes zu entdecken.

Diese Mahnung ist auf meine eigene Bibelauslegung und auf meine Predigt nicht ohne Einfluß geblieben. Ich bemühe mich, der Versuchung zu entgehen, den jeweiligen Text gewissermaßen als ein Stück Rasen anzusehen, auf dem man von Grasbüschel zu Grasbüschel hüpft und erbauliche oder orthodoxe Richtigkeiten von sich gibt. Vielmehr möchte ich als ein selbst vom Text Betroffener das Besondere dieses Textes überraschend anders sagen – damit es andere neu hören und verstehen, ganz neu für sich in Anspruch nehmen können. Darin liegt für mich ein wichtiges Geheimnis der Predigt, und ich erbitte mir immer neu, daß mir dies gelingt.

3. Kapitel

Die erste Predigt ohne Konzept

Vikariatszeit in Lüdenscheid, Berlin und Bielefeld

Nach bestandenem Examen trat ich mein erstes Vikariat bei Pastor Walter Baudert in Lüdenscheid an, einem frommen, kindlich gläubigen Mann, der später Bischof der Brüdergemeine wurde.

Einmal nahm er mich – ich war noch nicht lange bei ihm – während der Woche beiseite: »Weißt du, am Sonntag wird Pastor N. im Gottesdienst sein, und der ist immer überaus kritisch. Bete doch bitte mit dafür, daß mich das nicht befangen macht.« – Das hat mich, den jungen Vikar, damals tief beeindruckt und zugleich ermutigt: daß auch ein gestandener Mann noch mit solchen Problemen zu kämpfen hatte, und daß er einen jungen Hüpfer wie mich daran teilhaben ließ. Später habe ich dann selbst erfahren, wie sehr man durch die Art, wie einzelne zuhören, durch Aufmerksamkeit, Verschlossenheit oder Skepsis inspiriert oder gehemmt werden kann; und daß man sich dann vor der Predigt freibeten muß: »Herr, hilf mir, daß ich trotzdem unbefangen bleibe.«

Die veränderte Liturgie

An einem anderen Sonntag hatte Baudert den Gottesdienst in der Christuskirche zu halten. Während der Vorbereitung in der Sakristei wurde ihm plötzlich deutlich, daß er die Liturgie vor dem »Halleluja« abändern sollte. Er wählte als neuen Text: »Heile du mich, Herr, so werde ich heil. Hilf du mir, so wird mir geholfen.« Nach dem Gottesdienst geschah nichts, und Baudert begann sich zu fragen, ob er da einer falschen inneren Stimme gefolgt sei.

Am nächsten Morgen sprach ihn eine schwarz gekleidete Dame, die Tochter eines Akademikers, an. Sie sei ihm eine

27

Erklärung schuldig, sagte sie, und erzählte ihm dann: »Ich war gestern drauf und dran, mir das Leben zu nehmen. Da hörte ich die Glocken der Christuskirche läuten und dachte: Na, ein solcher Besuch kann dir ja vorher wohl nicht schaden. Und dann hat ein Satz in diesem Gottesdienst mein Leben auf ein ganz neues Fundament gestellt. Nämlich das Wort vor dem ›Halleluja‹: ›Heile mich, Herr, so werde ich heil. Hilf du mir, so ist mir geholfen.‹«

Geheimnisvolle Berufung nach Lüdenscheid

Auch sein Weg nach Lüdenscheid war durch eine solche geheimnisvolle Führung gekennzeichnet. Baudert, der zur Brüdergemeine gehörte, hatte einmal Dienst in einer Landeskirche tun wollen und auf eine entsprechende Meldung Anfragen von drei Gemeinden erhalten, darunter auch von Lüdenscheid. Nun schilderte er drei Freunden unabhängig voneinander brieflich seine Situation. Er nannte ihnen die drei Gemeinden, die ihn gerufen hatten, und bat die Freunde, ihm nach innerer Rückfrage bei Gott zu raten, für welche Gemeinde er sich entscheiden solle. Daraufhin antworteten alle drei Freunde unabhängig voneinander: für Lüdenscheid. Für Baudert war dies Zeichen und Bestätigung.

Seine Einführungspredigt in Lüdenscheid habe ich als junger Student miterlebt. Er sprach über das Wort aus dem Römerbrief: »Ich weiß aber, wenn ich zu euch komme, daß ich mit dem vollen Segen Christi kommen werde« (Kap. 15,29). Erst wenn man um die Bestätigung des Weges nach Lüdenscheid durch die drei Freunde weiß, wird deutlich, daß die Wahl eines solches Textex nichts mit hochmütiger Selbstüberschätzung zu tun hat, sondern Ausdruck kindlichen Vertrauens ist: Wenn ich dahin gehe, wo Gott mich haben will, darf ich auch mit der Einlösung seiner Zusagen rechnen.

Dieser schlichte Glaube kennzeichnete Bauderts Arbeit in der Gemeinde. Wenn wir gemeinsam Krankenbesuche machten, hatte er meist einen Stoß Schriften oder Verteilblätter bei sich. Reichte dann die letzte Schrift gerade noch für den letzten Krankenbesuch, so dankte er Gott dafür; nicht in einem feierlichen Gebet, sondern mit den einfachen Worten: »Wie schön, daß Gott es so eingerichtet hat, daß ich gerade diese Anzahl Blätter bei mir hatte!«

Die erste eigene Predigt

Dann nahte unausweichlich der Tag, an dem ich als Vikar selbst meine erste Predigt zu halten hatte. Mir war, als würde Lüdenscheid von einem – zumindest lokalen – Erdbeben erschüttert, aber es stellte sich heraus, daß lediglich stark in Mitleidenschaft gezogene Partien der eigenen unteren Gliedmaßen für das Schwanken verantwortlich waren. Nach dem gemeinsamen Gebet in der Sakristei sagte Baudert zu mir: »Ich werde zuhören wie ein Kind.« Und mit diesem kleinen Satz hat er mir ein großes Stück der mich damals bedrückenden Last abgenommen.

Nun mußte ich mich entscheiden, ob ich mit oder ohne Konzept auf die Kanzel steigen wollte. Ich dachte, nun sei schon alles egal; entweder kam ich noch einmal lebend von diesem Podest herunter, oder das Unglück nahm so oder so seinen Lauf. Also habe ich das Konzept unten gelassen, und für mich war das schon ein Wagnis; denn ich hatte bis dahin jeden wie ein achtes Weltwunder angestaunt, der auch nur drei Sätze hintereinander frei sprach.

Mein Predigttext war der Bericht von der Heilung des mondsüchtigen Jungen. Es gelang mir, mich bis zum Amen durchzukämpfen. Ich kletterte von der Kanzel herunter, heil und unbeschädigt auch ich, die Erde verschlang mich nicht, nicht einmal die Gemeinde wendete sich von mir ab.

Das Bäffchen

Als Baudert noch Landesjugendpfarrer in Thüringen war, hatte er an einem unfreundlichen, düsteren Novembersonntag dreimal Gottesdienst zu halten, den letzten am späten Nachmittag in einer Zweiggemeinde.

Frau Baudert war mit dem Fahrrad an jenen dritten Predigtort geeilt; in der Thermosflasche hatte sie ihrem Mann heißen Kakao mitgebracht. Bereits im Talar, gönnte er sich den wohlverdienten warmen Schluck. Er tat ihm gut; weniger dagegen seinem weißen Bäffchen, auf das dabei etwas von der süßbraunen Flüssigkeit heruntertropfte. Baudert versuchte es abzuwischen, der Kakao erwies sich als stärker. Ein Ersatzbäffchen war nicht zur Hand.

Aber Baudert rechnete in seinem kindlichen Glauben damit, daß Gott ihm selbst in dieser mißlichen Situation irgendwie helfen könne. Zunächst war die Sache ja nicht so schlimm; denn während der Liturgie stand er in sicherer Entfernung von der Gemeinde. Also verließ er die schützende Sakristei und trat vor den Altar. Es blieb ihm auch keine andere Wahl, denn die Gemeinde sang bereits den letzten Vers des Eingangsliedes. Noch einmal bat Baudert Gott um Hilfe, denn auf seine Ansprache folgte das Abendmahl, und da spätestens mußte das bekleckerte Bäffchen die Gemeindeglieder in ihrer Andacht stören.

Baudert begann zu sprechen, langsamer als gewöhnlich, schließlich demonstrierte er der Gemeinde, daß man den Schlußgedanken einer Predigt unter verschiedenen Gesichtspunkten zeit- und gewinnbringend betrachten konnte. Irgendwie mußte Gott doch eingreifen! Auf einmal hörte er ein leises Geräusch, ein kaum wahrnehmbares »sssssst«. Aber für ihn war es das Zeichen; nun wußte er, daß er »Amen« sagen konnte.

Er wendete sich zum Altar um und sah, daß sich von der Decke ein kleiner Stuckbrocken gelöst hatte; mitten auf der Bibel lag er. Und was das Wasser nicht geschafft hatte, das brachte die Mischung aus Gips und Kalk zustande. Baudert strich damit über den Kakaofleck, und nun war er für unvoreingenommene Beobachter kaum noch zu erkennen. Baudert erzählte später, er habe auf diese Weise die Erfahrung gemacht, daß Gott im Umgang mit seinen Leuten durchaus auch Humor erkennen lasse.

Krankenheilung

Baudert gehörte zu den Leuten, die viel mit Gott erlebt haben. Sein jüngster Sohn Roland litt an einer Nierenschrumpfung, der die Ärzte hilflos gegenüberstanden. Da hörte Baudert, daß in der »Rettungsarche« von Möttlingen ein Vater Stanger, wie vor ihm Blumhardt, durch Gebet unter Handauflegung Kranke heilte. Baudert zog seinen kranken Jungen warm an, packte ihn in Decken, die zugleich dazu dienten, die entstellenden Wasserödeme an Gesicht und Körper des Kindes zu verdecken, und schickte ihn mit seiner Frau nach Möttlingen.

In Möttlingen wurde dem Kranken keine Diät verordnet. Er könne ruhig etwas Suppe essen, erlaubte man ihm. Dann hat Vater Stanger wiederholt über ihm gebetet.

Nach vierzehn Tagen wurde der Junge entlassen.

Baudert fuhr Frau und Kind ein Stück entgegen. Aus dem Eisenbahnabteil sprang ein völlig gesunder Junge auf ihn zu. Er ist heute Pfarrer in der Brüdergemeine in Holland. Die Kinderärztin, die ihn damals behandelt hatte, wurde durch dieses Erlebnis Christin.

Remissio peccatorum

In jener Zeit begegnete ich auch Professor Schniewind, der um seines Bekenntnisses zu Jesus willen von Ostpreußen zwangsversetzt worden war. Ich sprach damals als junger Vikar viel über den Ernst, mit dem ein Christ sich um die rechte Nachfolge zu bemühen habe. Nach einem Pfarrkonvent, wir standen noch an dem bekannten »Betheleck« zusammen, wandte sich Schniewind mir zu und meinte: »Sie sprechen viel von Heiligung und vom Wachstum im Glauben, mein Lieber, und das ist alles schön und richtig. Aber wissen Sie, was das Größte ist? – Remissio peccatorum = die Vergebung der Sünden.« Und dabei traten ihm Tränen in die Augen.

Dieser Mann hat nach dem Krieg gehungert und manches persönliche Opfer gebracht, um Studenten zu helfen.

Er hat Besuche gemacht und Reisen unternommen, um sie zu unterstützen. Aber das Wichtigste für ihn war: die Vergebung der Sünden. Schniewind hat für die geistliche Zurüstung von Pfarrern und Studenten unsagbar viel getan.

1936 bekam ich durch eine Jugendleiterin Erich Schnepels Buch »Briefe aus dem Berliner Osten« in die Hand. Dieser Bericht aus der Berliner Stadtmission las sich wie ein Stück Apostelgeschichte im 20. Jahrhundert. Ich war derart gepackt, daß ich das Buch sofort Pastor Baudert zeigte. Wir ließen uns gleich 30 Exemplare kommen. Und auch das sollte sich als eine geheimnisvolle Vorbereitung erweisen.

Bei Erich Schnepel im Berliner Osten

Wenig später wurde ich als Mitglied der Bekennenden Kirche zur Teilnahme an einem katechetischen Seminar nach Berlin berufen. Es fand zwar im westlichen Stadtteil, in der Handjerystraße statt, aber natürlich besuchte ich von dort aus öfters die Gemeinde der Stadtmission im Osten der Stadt. Ich lernte ihre Gottesdienste kennen, nahm an ihren Bibelstunden teil. Bis dann Erich Schnepel mit der Frage auf mich zutrat: »Warum wollen Sie eigentlich nicht Vikar bei uns werden?«

So ging wieder eine Tür auf. Wie bei Baudert, so wurde ich auch hier durch den Bruderrat berufen. Als ich Monate vorher Schnepels Buch las, hatte ich nicht ahnen können, daß diese Stadt mein nächster Arbeitsplatz sein würde.

Es war nicht nur Arbeitsplatz, sondern vor allem Lehrstelle, die ihresgleichen sucht: denn hier lernte ich das Paradigma, das Musterbeispiel einer lebendigen Gemeinde kennen. Gestandene Väter und Mütter im Glauben, urwüchsig und originell, waren ihre geistlichen Stützen. Wir haben Gottesdienste, Bibelstunden und Arbeitsgemeinschaften miteinander gehalten. Schnepel hielt regelmäßig auch kirchengeschichtliche Vorträge, aus denen später seine Bücher zur Kirchengeschichte entstanden sind. Er wollte missionieren und den Christen zur Mündigkeit verhelfen.

Am Sonntagmorgen stand Straßenmission auf dem Dienstplan. Es gab im Berliner Osten riesige Wohnblocks mit vielen Innenhöfen zwischen den Gebäudetrakten; dort haben wir gesungen. Manchmal warfen die Leute uns Geldstücke herunter, manchmal gaben sie Blumentöpfen den Vorzug. Nach dem Singen luden wir dann zu den Veranstaltungen der Stadtmission ein.

Es hielt uns aber nicht nur in der Stadt, wir zogen auch auf die Dörfer hinaus. Dadurch sind in der Mark Brandenburg verschiedene Hauskreise entstanden; so wirkten die geistlichen Anstöße der Stadtmission über das eigentliche Stadtgebiet hinaus.

Gussow: Pastorenfreizeit

In Gussow in der Mark war unser Freizeitzentrum; hier wurden auch Freizeiten für Pfarrer gehalten. Einmal, es waren etwa 120 Pfarrer und Pfarrfrauen zusammengekommen, herrschte in den ersten Tagen eine merkwürdig beklommene Atmosphäre. Professor Köberle war als Referent dabei, und wir haben viel gebetet. Dann kam plötzlich der Durchbruch, mit einemmal wehte eine ganz andere Luft. Jetzt spürte man förmlich, wie das biblische Wort aufgenommen wurde. Und das alles unter Pfarrern!

Später erfuhren wir, daß Erich Schnepel vergessen hatte, sich bei einer Gebetsstunde in der Stadt abzumelden. Die Gemeindeglieder sagten sich, daß sie schließlich auch ohne Schnepel beten könnten, und taten es an diesem Abend besonders für jene Pastorenfreizeit. Am nächsten Morgen war in Gussow die Luft rein.

Mehrere Pfarrer bekannten am Schluß der Freizeit, daß sie hier den eigentlichen Anstoß zum Glauben erhalten hätten. Einer gestand, daß er sich zunächst fürchterlich über das Lied geärgert hätte: »Ich sing es laut in die Welt hinein, ich hab dich, ich hab dich lieb. Ja, Herr, ich will dein Eigentum sein, daß ich es bleibe, gib.« – Am Schluß sang er es als persönliches Bekenntnis.

Während einer Bibelarbeit von Erich Schnepel stand plötzlich ein Auslandspfarrer auf, der in einem skandinavischen Land arbeitete. Er fragte, ob er kurz unterbrechen dürfe, faltete die Hände und betete: »Herr, ich danke dir, daß ich dein Kind bin«, setzte sich wieder hin, und Schnepel fuhr in seiner Bibelarbeit fort, ohne Stellung dazu zu nehmen. Ein feines Beispiel geistlicher Keuschheit. Jenen Pfarrer habe ich später wiedergetroffen; er war inzwischen Evangelist geworden.

Die Männer und Frauen, die in der Stadtmission zusammenkamen, waren manchmal auf eigenartige Weise zur Gemeinde Jesu gestoßen. Der alte Vater Ristau erzählte mir, er sei an einem Sonntagmorgen nur so spazierengegangen. Auf einem Platz habe ein Heilsarmeechor gesungen, und der Refrain eines Liedes, das er dabei hörte, habe ihn von da an nicht mehr losgelassen.

Die Gottesdienste in der Gemeinde im Berliner Osten waren immer voll besetzt. Aus allen Stadtteilen kamen die Besucher, unter ihnen auch ein Ingenieur. Am zweiten Sonntag wurde er von einer Frau aus der Gemeinde angesprochen: »Ich hab' Sie schon voriges Mal gesehen. Ich freue mich, daß Sie wieder da sind.« Und die Tatsache, daß ein anderer Mensch an seinem Ergehen Anteil nahm, daß er sich über seinen Gottesdienstbesuch freute, war für jenen Techniker der Anstoß zum Glauben. Wer würde schon auf den Gedanken kommen, daß es einen jungen Ingenieur derart beeindrucken kann, wenn er von einer älteren Dame angesprochen wird?

Nach dem Berliner Vikariat kehrte ich nach Hause zurück. Es war die Zeit des Kirchenkampfes; ich war nicht bei der offiziellen Kirche angestellt, sondern erhielt, wie viele Vikare und Pastoren, mein Gehalt von dem sog. »Pfarrer-Notbund«.

Einige Zeit arbeitete ich in der landeskirchlichen Gemeinschaft Philadelphia und im CVJM mit. Wir hatten eine biblische Arbeitsgemeinschaft gebildet und befaßten uns mit Schlatters »Erläuterungen«. Das war Theologie für Nichttheologen, und die Bibelstundenhalter aus dem Sauerland nahmen die Anregungen aus der theologischen Exegese dankbar auf. In jener Zeit habe ich viele Familien aus den Gemeinschaftskreisen kennengelernt.

Als Hilfsprediger in Bielefeld

Dann wurde ich zur Inneren Mission nach Bielefeld berufen. Ich arbeitete an der Seite von Pastor Pawlowski, der viele Häuser der Inneren Mission eingerichtet hat, und lernte dabei besonders die Arbeit am alten Menschen lieben und schätzen.

In eine unserer Bibelstunden kam regelmäßig ein tauber Mann. Einmal ließ ich ihn durch jemanden, der die Zeichensprache beherrschte, fragen, warum er dies denn täte, wo er doch nichts hören könne; denn er hatte nicht, wie andere Taube, gelernt, die Worte von den Lippen abzulesen. Darauf erwiderte er: »Ich halte viel von der Gemeinschaft der Heiligen; denn Jesus hat gesagt: ›Wo zwei oder drei in meinem Namen zusammenkommen, da bin ich mitten unter ihnen.‹ Ich möchte am Segen der Gemeinschaft teilhaben, auch wenn ich nichts hören kann.«

Dann war da die alte Mutter Graf, die aus dem Baltikum stammte und über 90 Jahre alt wurde. In ihrer priesterlichen Art war sie vielen Pfarrern, Evangelisten und Hausvätern eine geistliche Mutter, bei der sie sich aussprachen und Rat suchten. In der Gemeinde eines Pfarrers, der sich in einer besonderen Notsituation befand, ließ sie sich einmal eine ganze Nacht in der Kirche einschließen, um am Altar für diesen Mann zu beten. Am nächsten Morgen war der Pfarrer frei und besaß von da an besondere geistliche Kraft; er ist mir ein geistlicher Vater geworden.

Fritz von Bodelschwingh, Leiter von Bethel in schwerer Zeit

Neben dem Dienst in der Inneren Mission wurde ich gleichzeitig Jugendpfarrer. In dieser Bielefelder Zeit habe ich oft im Arbeitszimmer von Fritz von Bodelschwingh gesessen. Ihm war die Leitung der Betheler Anstalten anvertraut. Mit

35

leitenden Männern des Dritten Reiches bis hin zum Reichs-
ärzteführer mußte er um den Erhalt der Anstalten, um die
Bewahrung der ihm anvertrauten Kranken vor den berüch-
tigten Vernichtungsanstalten kämpfen. Gott hat die Gebete
seines behinderten Volkes und ihres Leiters erhört und sie
vor dem Weg in die Vernichtung bewahrt.

Einmal sprach Bodelschwingh mit dem Reichsminister
für kirchliche Angelegenheiten, Kerrl. Er hatte die Freiheit,
ihm einfach zu sagen: »Herr Minister, um die Kirchenfrage
lösen zu können, muß man den Herrn Jesus liebhaben.«
Kerrl gab darauf keine Antwort, aber als Bodelschwingh
kurz danach erkrankte, schickte er einen großen Blumenstrauß.

Die Aufgabe, die Fritz von Bodelschwingh gestellt war,
würden wir heute als geistliches Management bezeichnen.
Er hat sich dabei ein kindlich-gläubiges Herz bewahrt und
war zugleich ein befähigter Dozent. Ich habe an der Theologischen Hochschule in Bethel eine Vorlesung über den He-
bräerbrief von ihm gehört. Da lehrte ein Mann, der sorgfältig in den Urtext hineingehorcht hatte und in seiner Exegese doch den Seelsorger von Bethel nicht verleugnete.

Bodelschwingh legte seinen Predigten gern einen Liedvers zugrunde. Auf dem Jahresfest der großen Anstalten in
Hoffnungsthal bei Berlin sprach er einmal über den Zinzen-
dorf-Vers: »Leit uns würdiglich der Gnade und dem Evange-
lio, mach uns treu von Tag zu Tage und zur letzten Stunde
froh.« Im weiten Rund war es ganz still, nur ein kleines
Kind störte immer wieder durch sein Schreien und Weinen.
Bodelschwingh reagierte weder ärgerlich, noch bat er sich
Ruhe aus. Er fragte lediglich: »Können wir den kleinen Prin-
zen nicht ein wenig abseits spielen lassen?«

Ein bewährter Mitarbeiter Bodelschwinghs war Vater
Dieckmann, er erledigte viel Post für den Leiter der Betheler Anstalten. Einmal erkrankte er schwer und rang wo-
chenlang mit dem Tod. Als Bodelschwingh die Familie wieder einmal besuchte, fragte er: »Darf ich noch einmal allein
zu dem Kranken gehen?« Als er nach einer Viertelstunde
zurückkam, fürchteten die Familienmitglieder, er habe ih-

nen den Tod des Kranken mitzuteilen. Aber Bodelschwingh
sagte: »Er ist uns noch einmal wiedergeschenkt.« Was in jener Viertelstunde im Krankenzimmer geschehen ist, bleibt
neugierigen Augen und Ohren verschlossen. Vater Dieckmann aber konnte nach längerer Genesungszeit seine Arbeit wieder aufnehmen.

4. Kapitel

Das geheimnisvolle Dreieck

Wie ich meine Frau kennenlernte. Familienerlebnisse

Begegnung mit Hilde

Ein junger Vikar wird mit vielerlei Aufgaben betraut: er hat die Alten und Kranken zu besuchen, in Gottesdienst und Bibelstunde mitzuhelfen, und schließlich versucht man der Tatsache, daß ihm an Alter und Erfahrung etliche Jahre fehlen, eine gute Seite abzugewinnen, indem man ihn in der Jugendarbeit einsetzt. Jugendkreise aber haben es nun einmal an sich, daß ihnen Vertreter beider Geschlechter angehören. So kam Deitenbecks Paul – gewissermaßen im Dienst – auch mit den »Schönen des Landes«, genauer: der Stadt Lüdenscheid, in Kontakt.

Dabei ergab es sich, daß meine Augen – zugegebenermaßen öfter, als die korrekte Abwicklung meines Dienstes es erforderte – in Richtung einer jungen Dame namens Hildegard Müller schweiften. Ihr Vater war Besitzer einer Großtankstelle mit Garagenbetrieb, und sie half im Büro ebenso wie an der Zapfsäule.

Ihre freie Zeit verbrachte sie als Mitarbeiterin im Mädchenkreis und in Jungscharfreizeiten. Man wird zugeben, daß ein junger Vikar ihr bei diesen Gelegenheiten begegnen kann, ohne die schickliche Distanz zu durchbrechen.

Ich lernte sie also gewissermaßen im Rahmen korrekter Pflichterfüllung kennen; ich hatte nicht gewußt, daß der Dienst im Jugendkreis für einen jungen Vikar derartige außerdienstliche Annehmlichkeiten bereithalten kann. Ich begann dieses Mädchen nicht nur bewußter als andere anzuschauen; der Gedanke einer möglichen Verbindung mit ihr beeinflußte zunehmend auch mein Gespräch mit Gott.

Eines Tages erzählte mir ein etwas älterer CVJMler, daß er des Alleinseins überdrüssig und sein Auge in letzter Zeit besonders auf Hilde Müller gefallen sei; mir ging ein Stich durch's Herz, aber ich sagte nichts. Ich dachte: Du willst ja mit Gott rechnen. Aber mit Beten allein konnte ich in jenen Tagen meine Gefühle nicht zur Ruhe bringen. Ich fragte Pastor Baudert um Rat und erhielt eine sehr klare Antwort: »Du hast zwei Möglichkeiten«, sagte er. »Du kannst sie ansprechen und um das Mädchen kämpfen; denn sie ist ja in keiner Weise gebunden. – Oder du betest einfach still dafür.«

Ich habe das zweite gewählt. Ich wollte – weder für sie noch für mich – in irgendeiner Weise Schicksal spielen. Ist es meine Schuld, daß es in meinem Herzen trotzdem lichterloh zu brennen begann?

Einige Monate später traf ich jenen CVJMler zufällig auf dem Bahnhof wieder. Bei dieser Gelegenheit erzählte er mir, daß er inzwischen jemand anderes kennengelernt habe. Das war für mich das Signal.

Am nächsten Morgen – es war ein Sonntag – rief ich im Elternhaus von Hildegard Müller an und verabredete mich mit ihr für den gleichen Tag.

Ich hatte noch Gottesdienst zu halten, aber am Abend trafen wir uns. Ich erzählte ihr einfach alles und stellte dabei fest, daß auch sie mir gegenüber mehr empfand, als von einer Mitarbeiterin im Mädchenkreis dem Gemeindevikar gegenüber gefordert wird.

Zur Verlobung wünschte sich meine Braut, daß in unsere Ringe, zusätzlich zu unseren Namen, ein Dreieck eingraviert werden sollte: Christus bildet die Spitze dieses Dreiecks, sie und ich die beiden anderen Eckpunkte. Das ist kein magisches Zeichen, es macht lediglich deutlich, wie wir unsere Ehe bis heute verstehen: Christus über uns ist die Mitte unserer Verbindung.

Hochzeit

Dann wurde ich Pfarrer in Bielefeld und fand dort eine Wohnung. Auch darin sahen wir eine geheimnisvolle Führung.

Diese Wohnung war bis dahin von zwei unverheirateten

alten Damen bewohnt worden, von denen eine gestorben, die andere in ein Alternheim umgezogen war. In den Wochen vorher hatte ich viel über die Jungfer Trudel in Männedorf gelesen, die neben der Gabe der Seelsorge auch die Gabe der Krankenheilung besaß. Und in besagter Wohnung hing ein Bild der Jungfer Trudel. Meine Frau und mich hat das bewegt, es war gewissermaßen wieder so ein kleines Zeichen Gottes: Da sollt ihr wohnen.

Eingezogen sind wir im Kriegsjahr 1940. Der Bibelkreis, der inzwischen in Bielefeld entstanden war, hatte sich in einer Zeit, in der es Lebensmittel nur auf Marken gab, ein ebenso liebevolles wie zweckmäßiges Hochzeitsgeschenk ausgedacht: eine kleine Lebensmittel-Grundausstattung für den neuen Haushalt. Da fand sich eine Flasche Maggi neben einem Päckchen Zucker, ein Stück Käse neben einer Bauernwurst, dazu Grieß und Salz. Das alles stand fein säuberlich nebeneinander auf dem Tisch, dazu ein Vers, der daran erinnerte, daß man auch in der Urgemeinde alles miteinander geteilt habe.

Man merkt ja erst im Lauf einer Ehe – wir sind nun fast 40 Jahre verheiratet – was man aneinander hat. Man wird einander immer unentbehrlicher. Die Christen im Batakland haben ein bemerkenswertes Sprichwort: »Wenn der Pfarrer die richtige Frau bekommt, dann hat die Gemeinde zwei Pfarrer; hat er die falsche Wahl getroffen, so hat sie gar keinen.«

Meine Frau hat mich nie zurückgehalten, obwohl meine Arbeit es mit sich brachte, daß ich viel auf Reisen, viel von zu Hause weg war. Sie hat das immer betend mitgetragen.

Sie ist praktisch veranlagt, nüchtern und realistisch; fragen Sie nicht, wer bei uns daheim die Nägel in die Wand schlägt! Was kann mir, dem ab und zu die Gefühle durchgehen, denn Besseres passieren, als daß sie mich in ihrer feinen Art immer wieder auf die Erde zurückholt und aufpaßt, daß ich auch wirklich den besseren Anzug anziehe.

Magdalene und Monika

Gott hat uns drei Kinder geschenkt; Kriegs- und Gefangenschaftsjahre standen dem Wunsch nach einer größeren Familie entgegen.

Magdalene, die Älteste, hat Gott uns dreimal wiedergegeben: Als sie 4 Monate alt war, wurden wir in Bielefeld ausgebombt; damals haben wir das Körbchen, in dem sie lag, unter Trümmern und Glassplittern hervorgeholt. – In ihrem 5. Lebensjahr erreichte sie in Lüdenscheid bei Artilleriebeschuß allein unverletzt den schützenden Keller; ihr kleiner Spielkamerad wurde tödlich verwundet und Großvater Müller, der die beiden begleitete, schwer verletzt. – Mit 14 wurde sie in der Badewanne ohnmächtig, und ich mußte die Badezimmertür aufbrechen, um sie vor dem Ertrinken zu retten. Die sofort eingeleiteten Wiederbelebungsversuche hatten Erfolg, aber Magdalene kam erst am nächsten Tag wieder voll zu Bewußtsein. (Diese Begebenheit ging unter der Überschrift: »Pfarrer schlägt Badezimmertür mit Axt ein!« unter Namensnennung durch die westdeutschen Zeitungen.)

Heute ist Magdalene Lehrerin. Monika, die Jüngste, studierte Theologie, nachdem sie vorher ebenfalls ihr Lehrerinnenexamen bestanden hatte. Unsere familiäre Verwurzelung mit der ev. Allianz findet auch darin ihren Ausdruck, daß Monika mit Volkmar Goseberg verheiratet ist, der zur Ev.-freikirchlichen Gemeinde in Dahle gehört.

Mit unseren Töchtern sind wir viel gewandert und haben viel musiziert und gesungen, auch öffentlich auf Konferenzen. Das Angebot einer christlichen Gemeinde stand ihnen immer offen. Billy-Graham-Evangelisation und Tersteegen-Konferenz waren für sie lediglich Anstöße, eine Sache verbindlich festzumachen, die in vielen Jahren gewachsen war.

Für mich ist die Familie der unentbehrliche Raum, aus dem heraus ich lebe und arbeite; ohne sie bin ich nichts.

Wir hatten sie erbeten, mit Freude erwartet, und zwei knappe Kleinkinderjahre lang war sie unser Sonnenschein. Bis jene tückische Krankheit auftrat, die die letzten 14 Monate ihres Lebens überschattete: eine Nierenschrumpfung, vielleicht durch eine nicht entdeckte Infektion ausgelöst.

Ein schrittweises Abschiednehmen von einem lieben kleinen Menschen, über-sensibel geworden durch das Bewußtsein der eigenen Krankheit, begann. Wir haben ihr durch einen gesegneten Mann die Hände auflegen lassen, und es ist viel gebetet worden für dieses Kind. Bis zuletzt haben wir mit einem Wunder Gottes gerechnet, er aber hielt das Verwunden für richtiger als das Wunder.

Die Väter haben gesagt, daß zur inneren Zubereitung des Predigers die Meditatio gehört, das Nachsinnen über den Text, die Oratio, das Gebet, und die Tentatio, die Anfechtung. Und hier muß ich jene schmerzlichen 14 Monate einordnen. Nur erlittenes Leid führt zu erfahrener Tröstung (2. Kor. 1,3ff.), und nur wer aus erster Hand Trost empfangen hat, kann ihn an andere weitergeben. Die Sprüche aus der Trost-Schatulle helfen nicht.

Als wir Annette nach einem Jahr des Kämpfens um ihr Leben die Augen zudrückten, war es für sie Erlösung aus schwerster Atemnot. Sie war zu Hause bei Gott, nichts, aber auch gar nichts konnte ihr mehr geschehen, und darüber wurden wir ruhig und dankbar.

In aller Stille haben wir das Kind zu Grabe getragen und erst hinterher die Anzeigen verschickt, weil wir viele Menschen zu diesem Zeitpunkt nicht hätten ertragen können. Und dann haben wir lernen müssen, unsere Augen und unsere Herzen wegzulenken von diesem Anblick des schrecklichen Sterbens. Es dauerte lange, bis wir von dem Bild des Erstickens loskamen und uns unser Kind wieder fröhlich in seinem Ställchen spielend vorstellen konnten.

Seitdem versuche ich, auch andere Leidtragende dahin zu bewegen, daß sie sich nicht an den Augenblicken des Todes festhalten. Walter Flex hat einmal gesagt: »Wenn wir gestorben sind, dann haltet uns nicht in dem letzten Schrecken des Todes fest, sondern wie wir im täglichen Leben waren.« Wir dürfen die, die nicht mehr bei uns sind, so in Erinnerung behalten, wie wir sie – als Menschen und als Christen – im täglichen Umgang erlebt haben.

Mein Bruder Robert

Robert, 13 Jahre älter als ich und in Rußland gefallen, fühlte sich für die Familie mitverantwortlich. Zusammen mit seinem Vetter Eugen übernahm er die Leitung der inzwischen erheblich vergrößerten Firma Robert Deitenbeck.

Er war nicht nur der »Große« unter uns, sondern auch großzügig. Oft stellte er sich auf meine Seite und nahm mir einen Teil der Strafe ab, wenn ich als Junge etwas angestellt hatte. Ich durfte ihn begleiten, wenn er über das Wochenende Verwandte in der Nähe von Dortmund besuchte. Er ging mit mir in den Vergnügungspark und fuhr mit mir Achterbahn. Bei feierlichen Anlässen, die meinem Vater nicht lagen, vertrat er Vaterstelle an mir; dann nannte ich ihn »Papa«.

Bei einer Wanderung im Sauerland hatten wir uns verlaufen und erkundigten uns bei einem etwas beleibten katholischen Priester nach dem Weg. Als wir erfuhren, daß wir bis zu unserem Ziel noch zwei Stunden zu laufen hätten, entfuhr meinem Bruder prompt sein Lieblingsspruch: »Ach du dicker Vater!« Teils verlegen, teils verärgert sah uns der Priester nach; er konnte ja nicht wissen, daß er nicht gemeint war.

Im übrigen aber war mein Bruder für mich ein Vorbild an Ritterlichkeit und Höflichkeit, und er vergaß über seinem Geschäft das Reich Gottes nicht. Gemeinsam mit seinem Freund Emil Grafe betreute er durch Jahre hindurch eine Bibelstunde auf einem Bauernhof. Er arbeitete aktiv im CVJM und in der Gemeinschaft Philadelphia mit. Er war ein »Familienmensch«; das Leben im Kreis der Familie und sein gemütliches Heim gingen ihm über alles.

Mein Bruder Karl

Karl, 11 Jahre älter als ich, war mit Leib und Seele Lehrer und viele Jahre Rektor. Von Eltern und Schülern wurde er als ein Mann geschätzt, der glaubte, was er sagte. Er scheute sich nicht, noch während des Dritten Reichs die Schulstunden mit Gebet zu beginnen, obwohl das damals verpönt war.

Karl war begeisterter Maler und Fotograf; er hielt Kurse in Stenographie, und auch ich verdanke ihm meine Kurzschrift-Kenntnisse. Vor allem aber betätigte er sich von Jugend an schriftstellerisch. Neben zahlreichen Aufsätzen veröffentlichte er eine ganze Reihe von Büchern, darunter eine allgemein verständliche Kirchengeschichte, die eine große Auflage erreichte, eine Auslegung des Buches »Daniel« und die »Sauerländer Originale«, Portraits von Christen unserer Heimat.

Auch Karls Zeit und Kraft gehörten der Gemeinde. Als Nachfolger des tüchtigen Fritz Gontermann wurde er Vorsitzender der Landeskirchlichen Gemeinschaft Philadelphia, leitete über 25 Jahre den Kreisverband des CVJM und gehörte zum Vorstand des Westdeutschen Jungmännerbundes. Aus Freude an der Bibel hatte er als junger Mann Griechisch gelernt: bei einem Pfarrer auf dem Dorf, während der Mittagspause, mit je 3/4 Stunden Hin- und Rückweg.

Karl hat unser Leben all die Jahre hindurch begleitet. Er führte ein äußerst glückliches Familienleben, wir waren als Familien ständig in Kontakt. 1967 starb er an den Folgen eines Gehirnschlags. In der letzten Woche konnte er nicht mehr sprechen, aber am Druck seiner Hand merkten wir, daß er uns verstanden hatte. Am stärksten war sein Händedruck, als ich ihm das Wort zusprach: »Das Blut Jesu Christi, des Sohnes Gottes, macht uns rein von aller Sünde.«

Meine Schwester Lydia

Während die Brüder bereits ihrem Beruf nachgingen, paßte Lydia zu Hause auf den kleinen Bruder auf. Die Gespräche zwischen Mutter und Tochter, ihr gemeinsamer Gesang, haben mich in meiner Kindheit vielleicht am meisten geprägt.

Lydia arbeitete in der Frauenhilfe mit und stand meinen Eltern vorbildlich zur Seite. Gemeinsam mit ihrem Mann, meinem Schwager Wilhelm Schmidt, wohnte sie im elterlichen Haus und sorgte vor allem während der schweren Kriegsjahre für sie.

Das erste Lebenszeichen, das mich in der Kriegsgefangenschaft erreichte, enthielt die Nachricht vom Tod meiner Schwester. Eine verschleppte Erkältung, im Luftschutzkeller zugezogen und nicht auskuriert, hatte zur Gehirnhautentzündung geführt. Das war gerade in den Tagen, als die Stadt von den Amerikanern eingenommen wurde, so daß eine optimale Behandlung nicht möglich war. Ihr Krankenhausaufenthalt war nur kurz. Eine Mitpatientin berichtete, daß in der Nacht ihres Todes das qualvolle Stöhnen plötzlich zu Ende ging und Lydia mit lauter, fröhlicher Stimme dreimal »Ja!« rief, als habe sie damit den Anruf Gottes beantwortet, ob sie bereit sei, in seine Herrlichkeit einzutreten.

Inzwischen ist aus mir, dem Nesthäkchen, selbst ein angerosteter Haken geworden. Wenn wir als Familie zusammen sind, erzähle ich gern von den abendlichen Spielen im Elterhaus oder von der jährlichen Familienreise nach St. Goar mit ihren Wanderungen und Schiffsfahrten; abends schreckte da selbst mein gestrenger Vater vor einer familiären Kegelpartie nicht zurück.

Schwager Willi

Das väterliche Geschäft, in dem meine Frau als junges Mädchen tätig war, wurde später von ihrem Bruder übernommen. Durch eine russische Handgranate verlor dieser beide Hände und erblindete auf einem Auge. Auf der ersten Karte, die wir nach seiner Verwundung erhielten, stand: »Was mich in den ersten schweren Wochen getragen hat, war die Spruchkarte, die ich am Tage vor meiner Verwundung von Tante M. bekam. Darauf stand mein Konfirmationsspruch: ›Laß dir an meiner Gnade genügen, denn meine Kraft ist in den Schwachen mächtig.‹«

Früher hatte er mit diesem Spruch wenig anfangen können, erst viele Jahre später hat dieses Wort an meinem Schwager seine Kraft erwiesen. Er ist mir ein Beispiel für Gelassenheit, Dankbarkeit und Aufmerksamkeit, obwohl er doch alle Ursache hätte, bitter zu sein. Sein Zusammenleben mit Frau und Kindern zeigt, was Gnade vermag.

Hasko

Beinahe hätte ich unseren Hund vergessen, und das wäre nicht recht; denn er ist ein »frommer« Hund. Vor einiger Zeit hat er einen Schlaganfall erlitten: Schnauze und Auge hingen schief herunter, und der Arzt hatte wenig Hoffnung. Ich vergötterte den Hund nicht, aber er gehörte zu uns, er war unser Freund. Da habe ich eben anhaltend für den Kerl gebetet. Einige Zeit später war er wieder fit und frisch. Und er war ein treuer Bursche, der spürte, wenn wir Stille Zeit hielten. Erst wenn wir beim Gebet vor dem Frühstück »Amen« gesagt hatten, meldete er sich und forderte seine Schnitte Brot. Ein Hund ist und bleibt ein Hund; aber irgendwie spürte er, wenn wir Gottes Wort lasen und beteten.

Meine besondere Vorliebe gilt den Bernhardinern. Ich denke immer, daß ich im Himmel einmal eines jener großen starken Tiere haben werde. Hier geht es nicht, und ich sehe das ein. Meine Frau sagt: »Wenn der sich hinlegt, dann ist von unserem Teppich nichts mehr zu sehen.« Aber ich habe nun einmal eine Vorliebe für diese großen Hunde.

Onkel Ewald

Wenn ich schon von der Familie spreche, kann ich Ewald Hesmert nicht übergehen.

Er war Prokurist einer großen Firma und hatte eine kinderreiche Familie. Es war sein heiliger Wunsch, daß alle seine Kinder im Licht des Evangeliums lebten. Dieser Mann hat mit seinem Gebet die ganze Familie getragen. Seine Kinder haben sich dann auch wirklich alle für die Frohe Botschaft geöffnet, manche sind vollzeitlich in die christliche Arbeit eingetreten.

Der älteste Sohn Wilhelm ist im Zweiten Weltkrieg gefallen. Als dann dessen jüngerer Bruder Johannes als Soldat nach Rußland kam, hat er immer gedacht: Vielleicht triffst du einmal auf das Grab deines Bruders. Er kam auch wirklich in denselben Frontabschnitt, und eines Tages entdeckte er auf einem Soldatenfriedhof das schlichte Holzkreuz mit dem Namen des Bruders. Er hat an dem Kreuz ein Holztäfelchen mit folgendem Vers angebracht:

> »Ob durch Leben, ob durch Tod getrennt,
> alles, was nach Jesum Christ sich nennt,
> trifft sich einst beim Herrn im Himmelssaal.
> Christen seh'n sich nie zum letzten Mal.«

»Zufällig« fand er das Grab seines Bruders und schrieb auf das Kreuz diesen Vers, der vielleicht vielen, die später daran vorbeigingen, ein Stück stiller Predigt wurde.

Familie Deitenbeck: Paul, Hildegard, Monika und Magdalene

»Nach dem Befehl des Herrn zogen sie, und nach dem Befehl des Herrn lagerten sie...«

Soldatenzeit

Dann lag eines Morgens der Einberufungsbefehl im Briefkasten; ich sollte den Talar gegen die feldgraue Uniform eintauschen.

In den letzten Tagen zu Hause hatte mein Gebet einen Schwerpunkt: Gott möge mir während meiner Soldatenzeit immer wenigstens einen Menschen an die Seite stellen, mit dem ich im Glauben eins sein könnte. Als wir uns dann auf dem Bielefelder Bahnhof sammelten, trat plötzlich ein Medizinstudent auf mich zu, den ich aus dem CVJM kannte. Wir fielen uns in die Arme; nun waren wir zu zweit.

Rekrut unter Feldwebel Class

Der Marschbefehl beorderte uns nach Augsburg, wo uns eine große Kaserne aufnahm. Am nächsten Tag wurden wir einer Ausbildungskompanie zugeteilt. Der Feldwebel, der meinen Zug befehligte, hieß Helmut Class; er war später, als Bischof der württembergischen Landeskirche, Ratsvorsitzender der Evangelischen Kirche in Deutschland. Samstagabends trafen wir Rekruten uns zu einem Bibelkreis, den der Feldwebel leitete.

An den Sonntagen waren wir in Augsburg oft bei Professor Sörensen zu Gast. Er, der Techniker, besaß die geheime Fertigkeit, selbst in Zeiten Bohnenkaffee zu beschaffen, in denen dieser für gewöhnliche Sterbliche eigentlich nicht mehr vorgesehen war. Herrlicher Duft aus seiner Kaffeemaschine erfüllte bei solchen Gelegenheiten das gemütliche Wohnzimmer, und genießerisch schlürften wir die braune Kostbarkeit. Vor allem aber haben wir viel musiziert und gesungen: Volkslieder und all die herrlichen Glaubenslieder.

An dem Tag, bevor ich eingezogen wurde, hatte mir ein alter Anstreichermeister unserer Gemeinde, Veteran des Ersten Weltkriegs, einen Rat mit auf den Weg gegeben. »Paul«, sagte er, »du mußt als Christ vor allem darauf achten, daß du ein guter Kamerad bist. Das kann für manche eine Brücke zum Evangelium werden. Durch unkameradschaftliches Verhalten wirst du alles verderben, was du den anderen vielleicht über deinen Glauben hast sagen können.«

An diese Mahnung habe ich mich gehalten. Ich habe mir Mühe gegeben, keine »trübe Tasse« zu sein: Wenn ich Stubendienst hatte, versuchte ich zu vermeiden, daß die anderen wegen meiner Nachlässigkeit aus den Betten gescheucht wurden; und wenn es darauf ankam, schnell irgendwo hilfsbereit zuzupacken, dann mußte man ja nicht unbedingt herausstreichen, daß man offiziell gerade dienstfrei hatte.

Ich muß sagen, die Stubenkameraden in der Kaserne haben mein Christsein respektiert, obwohl längst nicht alle zur gleichen Fakultät gehörten. Sie tolerierten, daß ich meine Stille Zeit hielt, die Losung las und still für mich betete. »Er liest wieder in seinem Buch«, brummten sie, und damit ließen sie es bewenden.

Ich habe in meinem Leben seidem immer wieder die Erfahrung gemacht, daß dann, wenn die Grundpositionen klar sind, das bescheidene christliche Vorbild, »der Wandel ohne Wort«, trotz aller Mängel mehr überzeugt als anspruchsvolles christliches Reden. Wir werden viel mehr durch Anschauung geprägt und erzogen als durch Belehrung, sagt Pestalozzi.

Mit dem Medizinstudenten Hans Stellhorn vom CVJM Bielefeld blieb ich auch noch zusammen, als wir nach Erding in Oberbayern verlegt wurden. Immer suchten wir sofort Kontakt zu Christen am Ort. Wenn die Gelegenheit sich ergab oder Not am Mann war, zog ich den Talar über die Uniform und übernahm eine Sonntagspredigt.

Auf der Funkerschule Dievenow

Dann wurden wir beide auf die Funkerschule nach Dieve-now abkommandiert. Hier erwies sich ererbte Musikalität als nützlich; mit Takt und Rhythmus des Morsealphabets fand ich mich relativ leicht zurecht. In Dievenow bestand ein Soldatenbibelkreis, den ein Flugzeugführer leitete. Dieser Mann hatte seine eigene Art, mit Gott zu reden. Er erzählte uns, daß er die größte Freiheit zum Beten auf seinen Flügen habe, obwohl sie volle Konzentration von ihm verlangten. In solchen Momenten habe er die Freude an Jesus in so elementarer Gewalt erfahren, daß er es kaum habe ertragen können. Das berichtete ein Flieger, der dem Tod viele Male ins Auge gesehen hatte, in einem Kreis gestandener, nüchterner Männer. Auch die Christen in Dievenow nahmen uns gastfreundlich in ihre Häuser auf.

Danach wurden wir auf den Fliegerhorst Neukuhren an der Bernsteinküste verlegt. Anstelle des eingezogenen Pfarrers übernahm ich die sonntäglichen Gottesdienste. Den Dienstplan stellte eine 80jährige Küsterin auf. Sie sorgte dafür, daß die einzelnen Predigtplätze besetzt waren.

Nach Rußland abkommandiert

Von Neukuhren aus wurde ich dann nach Rußland abkommandiert. Und Rußland hieß damals: totale Konfrontation mit dem Krieg. Nun wurde mir doch schwer ums Herz. Walter Stursberg, ein treuer Freund vom CVJM, half mir den großen Tornister packen. Es ging auf den Winter zu, und das bedeutete vermehrte Ausrüstung.

Die Losung am Tage meines Aufbruchs lautete: »Nach dem Befehl des Herrn zogen sie, und nach dem Befehl des Herrn lagerten sie, daß sie täten, wie der Herr ihnen gebot.« Dieses Wort aus dem Bericht über die Wüstenwanderung des Volkes Israel habe ich kindlich für mich als Losung genommen. Der Herr, der vor Tausenden von Jahren die Befehle gegeben hatte, in dessen Hand und unter dessen Gebot stand auch ich. Wieder bat ich: »Du kannst geben, daß ich jemanden finde, der auch auf deiner Seite steht.«

In Königsberg hatte ich Aufenthalt. Gemeinsam mit Ernst Hoffmann suchte ich eine christliche Familie auf. Wir wurden eingeladen, über Nacht zu bleiben. Zum letzten Mal für lange Zeit schlief ich in einem richtigen Bett.

Am nächsten Morgen weckte uns die Hausfrau mit einem Adventslied. Nach dem Frühstück marschierte ich zum Bahnhof und stieg in den Zug. Über Riga ging es nach Pleskau und von dort immer tiefer in das verschneite Rußland hinein.

In Nikolskoje meldete ich mich bei meiner neuen Einheit. Wieder bat ich Gott um einen Bruder im Glauben, aber zunächst konnte ich niemanden entdecken. Einige Tage später hatte ich auf der Schreibstube zu tun und machte dabei wohl eine Bemerkung, die an ein Bibelzitat angelehnt war. Prompt antwortete darauf der Unteroffizier: »Das steht in der Bibel auch.« Es stellte sich heraus, daß er zu einer Evangelisch-Freikirchlichen Gemeinde gehörte. Da sind wir uns um den Hals gefallen; zwei Brüder hatten sich gefunden. Ich aber trug in mein kleines Tagebuch ein: Von nun an bin ich hier zu Hause.

Eineinhalb Jahre lang sind Kurt Weidner und ich dann zusammengewesen. In Wilna haben wir später eine zerstörte Kirche notdürftig wieder instand gesetzt und darin Gottesdienste gehalten. In Briefen nach Deutschland bat ich um Spenden für den Wiederaufbau, die ein erfreuliches Echo fanden: mehrere tausend Mark wurden uns zur Verfügung gestellt.

Meine Frau hat diese Briefe zu Hause mit der Schreibmaschine abgeschrieben und an die entsprechenden Stellen versandt. Auch meine Soldatenbriefe hat sie abgetippt und verfielfältigen lassen, um sie christlichen Gruppen und Gemeinden zugänglich zu machen. Das war damals schon eine gewagte Sache, und prompt bekam die Gestapo Wind davon. Strenge Verhöre waren die Folge, und Hilde mußte sich auf eine Verhaftung gefaßt machen. Glücklicherweise sind bei einem Fliegerangriff wichtige Unterlagen vernichtet worden, so daß ihr das Schlimmste erspart blieb: lediglich die Schreibmaschine und der Vervielfältigungsapparat wurden beschlagnahmt.

Uns in Wilna aber gab die finanzielle Unterstützung mächtigen Auftrieb. Wir konnten neben den sonntäglichen Gottesdiensten viele Bibel- und Singkreise einrichten, und nie hat sich störend bemerkbar gemacht, daß der Herr Unteroffizier von der Schreibstube aus der Freikirche kam. Er war ein fröhlicher Christ; kurz vor Kriegsende ist er im Osten gefallen.

Ostpreußisches Zwischenspiel

Von Wilna wurden wir nach Ostpreußen verlegt. Einige unvergeßliche Wochen waren wir in Trakehnen stationiert und wurden im dortigen EC-Kreis herzlich aufgenommen. Auch hier zeigte sich, wie sehr christliche Gemeinschaft, verbunden mit natürlich-menschlicher Begegnung, die Ausstrahlung des Evangeliums fördern kann.

An den Sonntagen gestalteten wir gesellige Nachmittage, an denen gesungen und gespielt wurde, die aber jedesmal mit einer Andacht schlossen. Immer mehr Menschen stießen dazu, vor allem bei einer Familie Schletter fanden wir Heimat. Hier konnten wir immer wieder einmal in die private Atmosphäre einer Familie eintauchen. Geheimnisvoll, daß diese Familie später ebenfalls nach Lüdenscheid kam. Gott knüpft Kontakte, und scheinbar zufällige Begegnungen können – ohne daß wir es zunächst ahnen – den weiteren Lebensweg von Menschen entscheidend bestimmen.

Letzte Station: Königsberg

Letzte ostpreußische Station war zunächst Gutenfeld im sog. Kasernement Kraussen. An einem Winterabend trabte ich so gegen 18 Uhr von unserer Unterkunft dem Dorf zu, wo ich Bibelstunde zu halten hatte. Da trat mir auf der anderen Straßenseite ein kapitaler Elch entgegen. Ich war zutiefst erschrocken über die Größe des Tieres, aber der stattliche Herr verfolgte ruhig seinen Weg weiter.

In einer Flugzeughalle in Gutenfeld habe ich dann Sonntag für Sonntag Gottesdienste halten können, zu denen die Menschen in Scharen herbeigeströmt kamen. Die schöne Zeit endete Anfang Januar 1945 mit unserer Versetzung in die Festung Königsberg. Drei bedrückende Monate in den unterirdischen Festungswällen folgten. Die Stunden, die wir bei christlichen Familien in der Stadt verbringen konnten, waren für uns deshalb besonders wertvoll. Im Keller des Drogisten Riechert – Königsberg lag ja unter Beschuß – hielten wir Bibelstunden und Abendmahlsfeiern. Hier, zwischen unterirdischen Kasematten, Granattrichtern auf den Straßen und Abendmahl im Wohnungskeller ist mir das Lied »Nur mit Jesus will ich Pilger wandern« lieb geworden, das mich dann durch all die Jahre der russischen Kriegsgefangenschaft begleitet hat.

Max Riechert verlor seine Frau bei der Flucht aus Königsberg. Viele Jahre später konnte ich ihn in Rothenburg ob der Tauber mit seiner zweiten Frau Luise trauen. Von ihr weiß ich, daß er oft viele Stunden mit geschlossenen Augen und gefalteten Händen in seinem Lehnstuhl saß; ein stiller Mann, der viel Zeit auf die Fürbitte verwendete, ohne das an die große Glocke zu hängen.

Im April 1945 wurde die Festung Königsberg immer mehr zur Falle. Es war ein eigenartiges Gefühl. Jeder wußte, daß ihm das Leben nur noch wenige Chancen bot: Wenn man verwundet wurde, konnte man im Glücksfall noch ausgeflogen werden; daneben gab es nur die Alternativen Gefangenschaft oder Tod. Dabei waren jene ersten Apriltage wunderbar sonnig und warm. Der Winter mit seiner bitteren Kälte war vorbei, aber eine andere kühle Hand griff nach uns: wir waren eingeschlossen. Vor wenigen Wochen noch hatte ich in meinen freien Stunden im Krankenhaus »Barmherzigkeit« Lieder gesungen und auf dem Schifferklavier begleitet. Jetzt tönte uns aus russischen Lautsprechern Marschmusik und die Aufforderung entgegen, den hoffnungslosen Kampf aufzugeben und überzulaufen; für gutes Essen sei gesorgt.

Dann kam der 9. April und mit ihm unser schwerstes Fronterlebnis. An diesem Tag hieß die Losung: »Leben und

Wohltat hast du an mir getan, und deine Aufmerksamkeit bewahrt mein Leben.« Die Stalinorgeln heulten und deckten uns mit ihren Raketen zu.

Mitten im Bersten der Granaten habe ich gebetet. Es war keine Liturgie, kein formvollendeter Vortrag, noch nicht einmal ein Schrei, den im Hagel der Geschosse ohnehin niemand gehört hätte. Dieses Beten vollzog sich in den innersten Bereichen des Menschseins, aber ich weiß noch genau den Sinn: »Herr, wenn du auf dieser Erde noch eine Aufgabe für mich hast, dann wirst du mich aus diesem Feuer herausbringen. Und sonst nimm mich auf in dein Reich.« Die Losung dieses Tages enthielt für mich eine geheimnisvolle Verheißung. Im Graben neben mir hockte ein freikirchlicher Christ; er rief mir zu: »Heute vor 40 Jahren wurde ich auf den Namen Jesu getauft, und heute erwarte ich die Feuertaufe.« Aber er hat sie bestanden und ist nach Hause gekommen.

Am nächsten Tag hieß der Lehrtext – man lebte damals intensiv mit dem Losungsbuch –: »Er selbst, der Vater, hat euch lieb.« Am frühen Morgen dieses Tages kapitulierte die Festung Königsberg; was an Mannschaft übriggeblieben war, kam in russische Gefangenschaft. Gestützt auf die Losung habe ich mich Gott anvertraut: »Ich gehe ins Unbekannte, Herr. Aber ich tue es in dem Wissen, daß alles, was mir begegnet, unter der Aufmerksamkeit deiner Liebe steht.«

Heute weiß ich, daß diese Losung galt und sich im Blick auf alles, was in den folgenden Jahren auf mich zukam, bewahrheitet hat, einschließlich Hunger, Heimweh, Tränen und Angst.

6. Kapitel

In den kleinen Dingen Vertrauen lernen

Kriegsgefangenschaft

Einen entscheidenden Abschnitt meines Lebens bilden die Jahre in russischer Gefangenschaft. Über die Erfahrungen, die Christen in dieser Zeit äußerster Not und Bedrückung mit Gott gemacht haben, ist manches geschrieben worden; ich beschränke mich auf wenige, für mich selbst wesentliche Erlebnisse und Begegnungen.

Erste Station: Nikolajew

Von Königsberg aus wurden wir zunächst nach Nikolajew gebracht und zu Aufräumungsarbeiten und zur Wiederinstandsetzung der Bahngeleise eingesetzt. Während des Sommers lebten wir in Zelten, später erhielten wir Barakken zugewiesen.

Ich besaß nur das alte Losungsbuch von 1944. Daraus erbat ich mir von Gott nachts jeweils einen Bibelvers für den kommenden Tag. Morgens ging ich dann von Unterkunft zu Unterkunft und gab diesen Text als Losung für den Tag weiter.

In den einzelnen Baracken waren Hunderte von Soldaten untergebracht, aber wenn ich eintrat, riefen alle: »Ruhe, wir müssen erst das Wort hören!« Dazu stellte ich den Kameraden an jedem Tag eine Art Denkaufgabe: Was war das schönste Buch, das du gelesen hast? – Welches war dein schönster Film? – Was war dein schwerstes Erlebnis? Es war wichtig, daß man in seinen Gedanken beweglich blieb und sich nicht ununterbrochen mit den Nöten beschäftigte, die jeder einzelne Tag mit sich brachte. Auf dem Weg zum Arbeitsplatz und auf den Baustellen wurde dann auch immer wieder über diese Fragen gesprochen.

Manche Kameraden kamen noch schnell auf mich zu,

während wir bereits zum Abmarsch antraten. Sie gaben mir nicht die Hand – dazu war es im Winter viel zu kalt, sondern stießen mich lediglich an und fragten: »Wie heißt heute das Wort?«

In diesem ersten Jahr der Gefangenschaft mußten wir auch am Heiligabend arbeiten. An solchen Tagen waren die Abende im Lager doppelt schwer zu ertragen. Ich fand als Weihnachtsgruß ein kleines Päckchen auf meiner Matratze. Die Hülle bestand aus dem groben Papier, aus dem die Zementsäcke hergestellt waren. Als ich sie öffnete, fiel mir eine halbe Scheibe Brot entgegen. Dabei lag ein Zettel mit dem Liedvers: »Ich will an anderen üben, was Gott an mir getan.«

Der Mann, dem ich dieses Geschenk verdanke, war katholischer Christ. Nach dem Krieg trafen wir uns einmal in einem Restaurant. Er scheute sich nicht, öffentlich bei Tisch zu beten. Als Schnellzeichner und Karikaturist wurde er bekannt und berühmt. Er ist oft im Fernsehen aufgetreten und hat viele bekannte Persönlichkeiten portraitiert.

Er weiß viel tausend Weisen...

In jenen Jahren habe ich Gottes Durchhilfe besonders eindrücklich erfahren. Damals hatten wir weder theologisch noch intellektuell Probleme, Freundlichkeiten Gottes als Gebetserhörungen anzusehen, und die Kameraden, die einem hier und da heimlich etwas zusteckten, vergißt man nicht; oft wurden sie uns zu Boten Gottes.

Das galt auch für die russischen Zivilisten, die uns an den Baustellen eine Tomate oder einen Zigarillo über den Zaun zuwarfen. Einer russischen Frau war wohl zu Ohren gekommen, daß ich Pfarrer war. Sie schlug immer das Kreuzzeichen, wenn sie mir begegnete, und gelegentlich warf sie mir etwas über den Zaun zu oder gab einem Kameraden etwas für mich mit. Eine halbe Scheibe Brot war für uns damals ein königlicher Besitz; was ist dagegen heute eine ganze Schwarzwälder Kirschtorte!

Gewiß war der Austausch dieser kleinen Gaben nicht immer frei von Mißgunst und Neid, aber er ließ uns Menschen bleiben in einer Zeit, in der wir oft wie Tiere leben mußten.

Als einziger im Lager besaß ich ein kleines Taschentestament. Es ging von Hand zu Hand, wurde von Baracke zu Baracke weitergereicht. Wenn ich nicht so viele Liedverse und Bibeltexte auswendig gewußt hätte, ich wäre geistlich verhungert. Später habe ich immer wieder versucht, meinen Konfirmanden klarzumachen, was eine solche »Eiserne Ration« bedeuten kann. Unser Wort »auswendiglernen« gibt das nur sehr unzureichend wieder; viel schöner drücken es die Franzosen aus: »savoir par coeur« – »mit dem Herzen wissen«, oder die Engländer: »to learn by heart.«

Je mehr Zeit verging, um so schwieriger wurde unsere Lage. Zwischendurch konnte ich hier und da Gottesdienste halten – nicht mit offizieller Erlaubnis, aber stillschweigend geduldet. Oft versammelten wir uns auch heimlich in den Baracken.

Fluchtversuch

In jener Zeit beschloß ich mit zwei Kameraden, einen Fluchtversuch zu wagen; am 15. Mai 1946 sollte das Unternehmen starten. Wir hatten trockenes Brot gesammelt und uns eine kleine Landkarte beschafft, nachts träumten wir bereits von der Heimkehr. Die beiden anderen waren fromme Männer, aber keine gläubigen Christen. Ich hatte vorgeschlagen, daß wir Gott bitten sollten, unser Unternehmen zu blockieren, wenn es seinem Willen nicht entsprach.

Natürlich mußte ein solcher Plan auch gegenüber Freunden völlig geheimgehalten werden. Am 12. Mai – drei Tage vor unserer geplanten Flucht – brachen dann von der Baustelle, auf der auch wir arbeiteten, drei Kameraden aus. Abends wurden sie blaugeschlagen wieder zurückgebracht.

Es waren drei gewesen, genau wie wir. Und im Lager gingen Gerüchte um, daß alle Brücken gesperrt und alle Zufahrtswege von und nach Nikolajew verstärkt bewacht und kontrolliert würden. Wir hatten nicht gedacht, daß die Russen wegen dreier entlaufener Gefangener ein solches

Aufheben machen würden, aber dies war für uns das Zeichen. Die Losung an jenem Tag hieß: »Euer Erlöser ist stark, er ist der Herr der Heerscharen, er wird eure Sache selbst hinausführen.« Daraufhin haben wir unseren Fluchtversuch abgebrochen, den mit vielen Wünschen und Sehnsüchten entwickelten Plan fallen lassen.

Fernwirkung

Nun muß ich von einem Erlebnis besonderer Art berichten. Am 9. Juli 1948 schrieb ich meiner Frau eine der monatlich erlaubten Feldpostkarten des Roten Kreuzes. In der vorausgegangenen Nacht, vom 8. auf den 9. Juli, hatte ich besonders intensiv geträumt: Im Traum hatte ich ein langes Gespräch mit meinem Vater geführt, das mir besonders wohlgetan hatte.

Mein Vater war zu jener Zeit bereits schwer krank, und meiner Frau hat sich aus jenen Wochen der Pflege eine Begebenheit besonders eingeprägt. Sie erinnert sich genau an das Datum und hat es mir später erzählt. Es sei eben an jenem 9. Juli gewesen, an dem auch meine Karte datiert war, da habe mein Vater morgens gesagt: »Paul ist diese Nacht gekommen.« Auf den Einwand, daß dies nicht sein könne, da ich ja gar nicht hier wäre, habe er nur zur Antwort gegeben: »Doch, ich habe mich heute morgen um 4 Uhr lange mit ihm unterhalten.«

Nun bin ich zwar der Meinung, daß die meisten Träume Schäume sind. Das schließt jedoch nicht aus, daß Gott im Einzelfall solche Fernwirkung schenken kann, wenn man intensiv für einen anderen Menschen betet.

»Die Liebe tut ein ganzes Werk«

Später arbeitete ich in Moskau in einem großen Sägewerk und traf dort mit einem freikirchlichen Bruder, einem Schreinermeister aus dem Sauerland, zusammen. Einmal bat ich ihn: »Hast du nicht ein bißchen Tabak für mich?« Ein EC-ler aus dem Lipperland hatte mir eine kleine Pfeife geschnitzt; wir versuchten damals, das ständig nagende Hungergefühl mit Rauchen zurückzudrängen.

Auf meine Frage hin blieb der Schreinermeister einen Augenblick zögernd stehen. »Moment mal«, murmelte er dann und verschwand. Als er zurückkam, überreichte er mir ein volles Päckchen mit goldgelbem amerikanischen Tabak. Ich sah ihn fast bestürzt an. »Aber nein«, protestierte ich, »ich will mir doch bloß einmal die Pfeife stopfen!« Doch mein Gegenüber antwortete bestimmt: »Meine Mutter hat immer gesagt: ›Die Liebe tut ein ganzes Werk.‹«

Für jenes Päckchen Tabak werde ich diesem Bruder noch am Thron Gottes danken. Was hat mir das damals über Wochen bedeutet (wir waren ja sparsame Leute): der Tabak, und der Mann, der zu solcher Gabe fähig war. Mit einem einzigen Satz hatte er mir eine Predigt gehalten: »Die Liebe tut ein ganzes Werk.« Manchmal frage ich mich, ob es uns in einer Zeit, in der wir alles haben, nicht gerade an diesen kleinen Taten und Gaben der Menschlichkeit mangelt, die den vielen christlichen Worten, die wir reden, zu eindrücklicherer Glaubwürdigkeit verhelfen könnten – genau wie damals.

Der verhinderte Selbstmörder

In einem jener Lager hinter Stacheldraht begegnete ich einem Bauern aus der Eifel. Er hatte sich zu einigen unvorsichtigen Äußerungen hinreißen lassen, war wohl auch von einigen Kameraden bespitzelt worden; nun drohte ihm der Abtransport nach Sibirien. Abends spät trat er an mein Bett und riß mich aus dem Schlaf: »Ich muß auf Nachtschicht, Paul!« Ohne weiteren Kommentar übergab er mir seinen Tabaksbeutel und einige persönliche Dinge. Ich nahm sie entgegen, ohne mir viel dabei zu denken. Erst am nächsten Morgen erfuhr ich, welche Bewandtnis es damit hatte; denn als der Bauer seine Habseligkeiten wieder abholte, gestand er mir: »Ich hatte vor, mich in dieser Nacht zu erhängen. Den Strick hatte ich schon bei mir, als ich zu dir kam; aber ich wollte es dir nicht sagen, um dich nicht zu belasten. Als ich dann über den Lagerplatz ging und am Fahnenmast vorbeikam, da war es mir, als sähe ich das Gesicht einer ostpreußischen Christin vor mir, bei der ich längere Zeit einquartiert gewesen war. Beim Abschied hatte sie gesagt: ›Ich werde immer für Sie beten.‹ Damals gab ich darum nicht viel, aber in der vergangenen Nacht war es mir, als hörte ich diese Frau zu mir sagen: ›Habe ich darum für Sie gebetet, daß Sie jetzt Ihr Leben wegwerfen?‹ Da habe ich meinen Strick beiseite gelegt.«

Auch dieser Mann hat die Gefangenschaft überlebt und ist nach Hause zurückgekehrt. Wir haben uns später noch mehrmals besucht.

Innere Vorbereitung

Nachdem wir unseren Fluchtversuch aufgegeben hatten, begann ich täglich zu beten: »Herr, vor dem von dir bestimmten Tag kann ich nicht heim, darf ich nicht heim, will ich nicht heim. Aber bis dahin steht jeder Tag unter deiner aufmerksamen Liebe, wie du es versprochen hast. Wenn es sein kann, dann ebne mir später, auf deine wunderbare Weise, den Weg zu einem übergemeindlichen Dienst in Volksmission und Seelsorge; mache den Boden unter meinen Füßen weit und vertraue mir das Amt eines verborgenen Bauaufsehers in deiner frohen Gemeinde an; nicht nach Amt und Titel, aber nach der geistlichen Wirkung.«

Ich kann nicht sagen, wie ich dazu kam; aber die Bitte um das verborgene Amt des Bauaufsehers wurde zu meinem täglichen Gebet. Ich wurde dazu gedrängt, und Gott hat mir später tatsächlich ein solches Stück verborgener Bauaufsicht in seiner Gemeinde anvertraut, »auf seine wunderbare Weise«; zunächst aber ließ er mich noch zweieinviertel Jahre in Rußland darum bitten.

Im Februar 1948 habe ich oft gefragt: »Herr, wie lange noch?«, wenn wir vor dem großen Lagertor zum Abmarsch zur Arbeit bereitstanden. Dann rief mich eines Tages der deutsche Dolmetscher zum russischen Kommandanten. Ich fragte mich, was ich wohl ausgefressen haben könnte, aber auf der Kommandantur wurde mir mitgeteilt, daß ich auf Anordnung der Moskauer Regierung vorzeitig entlassen würde.

Es ist mir bis heute ein Geheimnis, wie die Wahl auf mich fallen konnte. Ich war kein Kommunist, mein Vater kein Gewerkschaftsmann. Da wurde aus allen Gefangenenlagern Rußlands je ein Mann ausgewählt und im September 1948 mit einem Sondertransport in die Heimat geschickt – und ausgerechnet ich, Paul Deitenbeck, war darunter. Vielleicht hätte ich sonst noch jahrelang warten müssen.

Damals hat Gott es wahr gemacht: »auf deine wunderbare Weise – zu deiner wunderbaren Zeit.« Am 22. September 1948, dem Tag meiner Heimkehr, lautete die Losung: »Denn mir ist eine große Tür aufgetan, die viel Frucht wirkt. Und viele Widersacher sind da« (1. Kor. 16,9).

Der Abschnitt Kriegsgefangenschaft ging damit zu Ende. Ich möchte keinen einzigen Tag noch einmal durchleben müssen, im Rückblick aber auch keinen aus der Erinnerung streichen; das hieße, aus der Schule Gottes wegzulaufen.

Wenn ich heute in einem Punkt noch einmal ganz von vorn anfangen könnte, dann möchte ich Gott noch viel mehr im Detail vertrauen, in den kleinen Dingen, die den wesentlichen Teil unseres Lebens ausmachen.

7. Kapitel

»Sich nicht selber die Tür aufmachen. . .«

Von Gottes Führungen im Leben des Menschen.
Nachkriegszeit

Führungen Gottes im Leben eines Menschen sind für mich
etwas Geheimnisvolles. Dabei verstehe ich unter »geheimnisvoll« weder etwas Mystisches, Nebulöses noch gar Ge-
spenstisches. Das Wort bedeutet für mich in diesem Zusammenhang nicht mehr als »verdeckt«. Wenn ich es noch
näher beschreiben sollte, würde ich es als »Mantel der
Keuschheit« bezeichnen.

Vergleich: das U-Bahnnetz

Vielleicht kann ich es am Bild eines U-Bahnnetzes erklären.
An manchen Stellen, vor allem in den Außenbezirken, liegen die Geleise offen zutage, kann man die fahrenden Züge
deutlich erkennen. Der Großteil des Streckennetzes jedoch
ist verdeckt. Selbst der U-Bahn-Benutzer durchschaut es
nicht, kann in den meisten Fällen nicht sagen, an welchem
Punkt er sich gerade befindet. Nur an den Stationen taucht
er »ins Licht«, hier kann der Reisende Zug und Richtung
wechseln. Aber sobald er wieder ins Dunkel des Tunnels
eintaucht, kann er Gleisführungen, Abzweigungen und
Kreuzungen nur noch ahnen.

So verdeckt Gott über weite Strecken die Wege, die er
seine Leute führt, er legt sie nicht offen. Und wenn er den
einzelnen den Sinn mancher Wegstrecke zunächst nicht erkennen läßt, so ist auch das Barmherzigkeit.

Kein Sonderzug für P.D.

Mich haben derartige Führungen, die geheimnisvollen Ver-
bindungen und Zusammenhänge im Leben eines Men-

schen, immer besonders interessiert. Dabei bin ich keineswegs der Meinung, Gott hielte für den Paul aus Lüdenscheid einen Sonderzug bereit oder habe zusätzliche Signale für ihn an der Strecke aufgestellt. Gott hat mich lediglich mit einer besonderen Empfindsamkeit für diese Dinge ausgestattet.

Es gibt Christen, die fahren mit voller Geschwindigkeit an einem solchen Signal vorbei, legen einfach den Fahrthebel um, und damit ist der Fall für sie erledigt. Sie tun das im gläubigen Vertrauen; allerdings stehen sie manchmal in der Gefahr, dabei die Grenze zu Gedankenlosigkeit und Leichtsinn zu überschreiten.

Ich dagegen möchte, wenn ich ein solches Signal erreiche, den Zug am liebsten erst einmal anhalten, aussteigen und um drei Minuten (oder drei Tage) Bedenkzeit bitten; aus Sorge, ein solches Zeichen falsch zu deuten und damit Weichenstellung und Signalgebung in eigene Regie zu übernehmen. Ich möchte lieber warten, als in meinem Leben Schicksal spielen. Mein Vertrauen ist damit nicht »gläubiger« als das anderer Leute; es entspricht in dieser Form lediglich meiner Wesensart.

Vielleicht haben Menschen meines Typs es leichter, wenn Gott den Zug unseres Lebens auf einem Wartegleis abstellt und das Haltesignal aus für uns unverständlichen Gründen nicht wieder hochgehen will. Andererseits sind wir stärker der Gefahr ausgesetzt, uns zu viele Gedanken zu machen, oder das Richtige zu versäumen aus Furcht, das Falsche zu tun. In der Praxis gibt es natürlich den Zauderer »par excellence« nicht; und die Phase des Zögerns kann überwunden werden. Auch Leute meiner Art sind in der Lage, ein munteres Tempo zu fahren, wenn sie das Gefühl haben, auf der richtigen Strecke zu sein.

Den Fäden der Führung nachforschen

Dabei hat das »Geheimnisvolle« an den Führungen Gottes durchaus auch seine Grenze. Der Evangelist Johannes berichtet (Kap. 4,47ff.) von der Heilung eines Jungen, dessen

Vater im Dienst des Königs stand. Jesus schickte den Vater, der sich an ihn um Hilfe gewandt hatte, mit den Worten nach Hause: »Geh hin, dein Sohn lebt.« Auf dem Rückweg traf der Mann seine Knechte, die ihm die Heilung des Sohnes bestätigten. Und nun heißt es: »Da erforschte er von ihnen die Stunde, in welcher es besser mit ihm geworden war.« Dabei stellte er fest, daß die Heilung zu derselben Zeit eingetreten war, in der Jesus ihm die Gesundheit seines Sohnes zugesprochen hatte.

Für mich entnehme ich daraus, daß wir als Christen durchaus auch nachforschen dürfen, wie die einzelnen Fäden der Führungen Gottes verlaufen; und zwar nicht auf der Suche nach sensationellen Enthüllungen, sondern um auch in diesem Zusammenhang die »Breite, Tiefe und Höhe« der Liebe Gottes zu erfassen und damit zu einer neuen Dimension von Staunen und Dankbarkeit zu gelangen, die wir, fasziniert durch das Vordergründige, nur allzu leicht übersehen.

»Man darf durch eine neue Tür erst gehen, wenn man die alte hinter sich zumachen kann«

Für mich wurde diese Frage einmal bedrängend aktuell, als ich junger Hilfsprediger in Bielefeld war. Ich hätte damals gern eine Pfarrstelle im Sauerland angenommen, war durch das dortige Presbyterium auch bereits gewählt worden. Dann sprach ich mit Fritz von Bodelschwingh über die Sache, und der hat meine Vorstellungen ebenso sachlich überzeugend wie freundlich korrigiert: »Man darf durch eine neue Tür erst gehen«, erklärte er, »wenn man die alte hinter sich zumachen kann. Und Sie können nach Lage der Dinge jetzt hier nicht weg.« (Einige Pfarrer aus unserem Kreis waren bereits eingezogen worden, während man mich aus gesundheitlichen Gründen zurückgestellt hatte.)

Damit war mein Weg zunächst klar. Ich durfte nicht weggehen, wenn durch meinen Fortgang im Dienst der Gemeinde eine Lücke entstand, die in absehbarer Zeit nicht zu schließen war.

Dr. Müller-Hilchenbach hat mir dieses Prinzip einmal mit ganz ähnlichen Worten deutlich gemacht: »Zum Bleiben braucht man keinen besonderen Befehl, wohl aber zum Weggehen. Solange dieser Befehl nicht eindeutig und überzeugend erteilt wird, muß ich an dem Platz aushalten, der mir zugewiesen ist.« Seit jener Zeit versuche ich mich davor zu hüten, eigene Wege zu gehen, vor allem was meinen Einsatz im Reich Gottes betrifft.

Von Alfred Christlieb erzählt man, daß er bei einer Zugfahrt mit einer Gruppe von Jägern im gleichen Abteil saß, die die Qualität ihrer Hunde priesen. Einer von ihnen aber meinte: »Tja, mein Hund ist auch ein prächtiger Bursche, aber er hat eine böse Angewohnheit: er macht sich selber die Tür auf.«

Christlieb hat das später als Thema für eine Predigt gewählt. Für mich ist es eine Mahnung mehr, mir im Reich Gottes keine Türen selbst zu öffnen. Für meine Lebensführung und meinen Dienst wurde das kennzeichnend, allerdings weder als besonderes Verdienst noch als Zeichen besonderer Frömmigkeit. Am Tag meiner Rückkehr aus russischer Gefangenschaft war in der Losung von der »großen Tür« (1. Kor. 16,9) die Rede, und diese Tür hat nicht Paul Deitenbeck aus Lüdenscheid, sondern ganz allein Gott aufgemacht. In die verschiedenen Aufgaben der Ortsgemeinde und vor allem in den übergemeindlichen Dienst bin ich förmlich hineingestoßen worden.

Offene Tür 1: Jugendpfarrer in Lüdenscheid

Als ich aus der Gefangenschaft zurückkam, stand die erste Tür bereits offen: Superintendent Köllner hatte mir, in Verbindung mit dem Presbyterium, die Stelle als Jugendpfarrer in Lüdenscheid freigehalten. Gleichzeitig wurde ich Synodal-Pfarrer für Volksmission und Seelsorge, und beides erwies sich als Anschlußgleis für den übergemeindlichen Dienst.

In jener Zeit haben mir viele Menschen geholfen, mich in der Heimat wieder zurechtzufinden; einer von ihnen war der Druckereibesitzer Karl-Heinz vom Schemm. Er leitete in Lüdenscheid eine Jugendgruppe und hat mir im Blick auf Jugendarbeit das Laufen beigebracht. Er wohnte ganz in unserer Nähe, und wenn er morgens auf dem Weg zum Betrieb an unserem Haus vorbeikam, dann pfiff er als Erkennungszeichen die Melodie von »In dir ist Freude«. Dann wußte ich Bescheid. Als Ehepaare vom Schemm und Deitenbeck haben wir einen Familien-Freundeskreis gebildet und jahrelang durchgehalten, zusammen mit der mütterlichen Freundin Änne Kropp. Wir trafen uns jeweils sonntagabends zu geselligem Beisammensein; aber dabei wurden immer auch Fragen des Glaubens besprochen und im Gebet vor Gott gebracht.

In schweren Kriegs- und Nachkriegszeiten und bis zum heutigen Tag stand mein Schwager Wilhelm Schmidt meiner Familie und mir in vorbildlicher Treue zur Seite. Dank auch unserer Freundin Dr. med. Anneliese Dehnen, die uns, selbst Frau eines in den letzten Kriegstagen gefallenen Pfarrers, in schönen und schweren Tagen nahe blieb.

Offene Tür 2: Pfarrer an der Kreuzkirche

Gespräche über den Glauben, Fürbitte und Führung gehören eng zusammen; sie sind oft ineinander verflochten und können von uns nicht auseinanderdividiert werden.

Seit meiner Rückkehr aus der Kriegsgefangenschaft wohnen wir im Haus meiner Eltern. Viele Jahre lang hat mein Vater in aller Stille Gott den Wunsch vorgetragen, daß dieses Haus einmal Pfarrhaus werden möchte. In seinen letzten Lebensjahren, als ich in Rußland war, hat er dann öfter darüber gesprochen: »Dieses Haus wird Pfarrhaus, und Paul wird darin Pfarrer«, sagte er. »Und da kommt 'ne Kirche hin.«

Während des Krieges war daran nicht zu denken. Zwar hatte die Kirchengemeinde in den dreißiger Jahren an diesem Hang ein Wiesengrundstück gekauft; doch darauf weideten bestenfalls Schafe und Ziegen, aber nicht die Herde Gottes.

Nach Überwindung der schwersten Nachkriegsjahre wurde 1952 auf diesem Grundstück tatsächlich zunächst ein Gemeindehaus errichtet. Zwei Pfarrer waren für den Dienst im neuen Kirchsaal vorgesehen. Ich selbst wohnte zwar in unmittelbarer Nähe und hatte das Fortschreiten des Baues in allen seinen Phasen verfolgt, aber ich war Jugendpfarrer, und es gab zunächst keine Anzeichen, warum sich das ändern sollte.

Doch die Stimmen befreundeter Pfarrer, die mich darauf aufmerksam machten, daß ich nicht mein Leben lang Jugendpfarrer bleiben könne, mehrten sich. Sie beschrieben mir den Dienst in einer Ortsgemeinde als wichtige und schöne Aufgabe, aber ich wollte auch hier nicht Schicksal spielen.

Kurz vor Einweihung der Kreuzkirche, zu der das Gemeindehaus inzwischen ausgebaut worden war, ging einer der für die Gemeinde vorgesehenen Pfarrer nach Hamm. Ohne daß ich einen Finger gerührt hatte, sprachen mich nun nacheinander der Superintendent, der Kirchmeister, der Leiter des Presbyteriums und verschiedene befreundete Pfarrer an und meinten, ob das denn nichts für mich wäre.

Zu jener Zeit war die Wohnungsfrage noch schwierig zu lösen. So argumentierten die Befürworter des Planes denn auch: »Sie wohnen doch ohnehin schon ganz nahe bei der Kreuzkirche, dann können Sie auch hier Dienst tun.« Und so kam es in der Tat. Die Wahl des Presbyteriums fiel auf mich, und damit begann ein neuer Abschnitt meines Dienstes: Ich wurde Pfarrer an der Kreuzkirche; der Wunsch meines Vaters hatte sich erfüllt.

Gott ist kein Wunsch-Automat

Es gehört zur Realität des Reiches Gottes, daß Gott unsere Wünsche und Sehnsüchte wahr machen kann. Er tut es gewiß nicht immer; aber das andere Extrem, daß er es nie täte, ist ebenso falsch und geht genauso an der Wirklichkeit vorbei. Manchmal schenkt Gott solche Erfüllungen sogar, ohne daß wir besonders dafür gebetet haben. Ich meine, in Psalm

37 den biblischen Beleg für derartiges Handeln Gottes zu erkennen: »Habe deine Lust am Herrn, der wird dir geben, was dein Herz wünscht.«

Es gibt einen inneren Zusammenhang zwischen Vorstellungen, die Gott in uns wirken kann, und äußerer Führung. Wer daraus ableiten will, Gott sei so etwas wie ein Wunsch-Automat, der muß den Spaten, den er für seine geistlichen Grabungen verwendet, schon ein paar Schichten tiefer ansetzen; so vordergründig und oberflächlich lassen sich die Dinge nicht lösen. Aber Gott kann an Vorstellungen und Wünschen heute etwas in unser Leben hineinlegen, was sich später einmal verwirklichen wird.

Ich habe das bei mir selbst erlebt und in meinem übergemeindlichen Dienst immer wieder bestätigt gefunden: Gott weist dem einzelnen Christen für seinen Dienst Plätze zu, die seiner inneren Veranlagung und Entwicklung entsprechen; sie decken sich mit dem biblischen Verständnis, das der Betreffende von diesen Aufgaben erlangt hat. Und in vielen Fällen werden solche Platzanweisungen entscheidend durch die Begegnung mit anderen Menschen beeinflußt.

Wir sollten das nicht aus dem Auge verlieren: bei der Führung des Christen spielt der Bruder eine wesentliche Rolle. Psychologen und Pädagogen haben das längst erkannt; manchmal habe ich die Sorge, wir könnten die geistliche Dimension, die sich damit für Leben und Dienst der Gemeinde eröffnet, übersehen, unterschätzen oder vielleicht auch verschlafen. »Alles Wesentliche im Leben ist Begegnung«, sagt Martin Buber.

Offene Tür 3: Deutsche Zeltmission

Viele Türen in den übergemeindlichen Dienst haben sich für mich durch persönliche Begegnungen geöffnet. Es begann damit, daß mich eines Tages Superintendent Samuel Henrichs und Prediger Walter Arnold aus Düsseldorf besuchten. Sie erklärten mir, daß sie gekommen seien, um mich zu bitten, den Vorsitz der Deutschen Zeltmission zu übernehmen. Der bisherige Vorsitzende, Pfarrer Walther Zilz, wolle sein Amt aus Altersgründen niederlegen. Ich war völlig überrascht und habe dieses Angebot einfach als Ruf Gottes angenommen.

Auch hier wurde für mich Kontinuität, innerer Zusammenhang erkennbar: nicht, weil ich meine ersten Zelterfahrungen mit dem Schnuller und auf der Matratze des »Familientraktors« absolviert hatte, sondern weil der Einsatz der Eltern bei jeder Zeltmission in Lüdenscheid bereits in jungen Jahren die Liebe zu diesem volksmissionarischen Arbeitszweig in mir geweckt hatte.

Man kann – aber wer nicht will, mag es fröhlich bleiben lassen – diese Linie noch weiter verfolgen; denn äußerlich gesehen hat meine Verbindung zur Deutschen Zeltmission die Entscheidung Gerhard Bergmanns, vom Gemeindepfarrer zum Zeltevangelisten zu wechseln, zumindest stark beeinflußt. Und dieser Gerhard Bergmann wiederum trug bereits als Kind den stillen Wunsch in sich, einmal Evangelist zu werden. Dafür wird es äußere Anlässe und einleuchtende Erklärungen geben; aber eingeredet hat es ihm gewiß keiner. Und gerade weil ich das Geheimnis göttlicher Führung nicht mystisch oder mysteriös verstehe, wird es durch die menschlichen Erklärungen, die ich voll bejahe, nicht abgeschwächt, sondern verstärkt.

Der 6–8jährige Gerhard stand manchmal am heimatlichen Bahnhof und sah die endlosen Ketten der Güterzüge an sich vorbeirollen. »Dortmund«, »Bochum«, »München« stand auf den einzelnen Wagen. Da bekam der Dreikäsehoch runde, träumerische Augen und flüsterte vor sich hin: »Da möchte ich überall einmal evangelisieren.«

Offene Tür 4: Westdeutsche Allianz

Ähnlich ungeplant und überraschend vollzog sich mein Weg in die Allianzarbeit. Eines Tages erhielt ich einen Brief von Wilhelm Busch. Der liebte, auch wenn er schrieb, keine langen Schnörkel: »Ich möchte, daß Du Vorsitzender der Westdeutschen Allianz wirst. Bitte, nimm doch an der nächsten Sitzung teil, damit Du Dich vorstellen kannst«, schrieb er. Ich empfand das als ziemliche Zumutung, denn ich gehörte nicht einmal dem Vorstand an. Die Brüder des Vorstandes empfanden offensichtlich ähnlich; sie machten daraus in der Beratung, an der ich schließlich doch teilnahm, auch gar keinen Hehl. Am Ende der Debatte aber wurde ich, wenn auch zunächst auf Probe, eigener und anderer Leute Bedenken zum Trotz zum Vorsitzenden gewählt. Ich weiß noch, was ich am Schluß jener Sitzung im Kreis der Brüder gebetet habe: »Das war ja so dein Wesen von alten Tagen her, daß du dir hast erlesen, was schwach, gebeugt und leer. Daß mit zerbrochnen Stäben du deine Wunder tat'st und mit geknickten Reben die Feinde untertrat'st.«

Offene Tür 5: Allianz-Hauptvorstand

Vier Wochen später erhielt ich wieder einen Brief, diesmal von Johannes Busch: »Ich habe gehört, daß Du Vorsitzender der Westdeutschen Allianz geworden bist. Kannst Du nicht meinen Platz im Hauptvorstand der Deutschen Evangelischen Allianz einnehmen?« – So wurde ich in den Hauptvorstand der Deutschen Evangelischen Allianz hineingeschoben, in dem damals Walther Zilz den Vorsitz führte. Als dieser sich mit Rücksicht auf sein Alter zurückziehen wollte, fiel sein Auge auf der Suche nach einem Nachfolger wiederum auf mich. (Ich weiß nicht, wie es kam, daß ich mit meinen 1,67 m so oft im Blickfeld der Leute stand.) Der Hauptvorstand fand dann die gute Lösung, daß jeweils ein Mann der Kirche und der Freikirche sich gemeinsam in den Vorsitz teilen sollten. Die Wahl fiel auf Paul Schmidt und mich; damit begann eine wunderbare Zeit brüderlicher Zusammenarbeit.

Nach dem Tod von Wilhelm Busch war es dann Pastor Tegtmeyer, der mich im Namen des Komitees bat, den Vorsitz der Tersteegen-Konferenz zu übernehmen. So wurde ich, ohne eigenes Zutun, in verschiedene Arbeitsbereiche der Gemeinde Jesu hineingestellt.

In den 50er Jahren begann wir die Fabrikmission aufzubauen. Auch dazu erhielt ich den entscheidenden Anstoß
von außen.

Damals besaßen Pfarrer zwar bereits wieder Bäffchen
und makellose Talare; wir begannen, unsere theologische Bibliothek neu auf- und auszubauen, aber ein Auto
war noch keineswegs selbstverständlicher Bestandteil
der Dienstausrüstung eines Gemeindepfarrers. In jener
Zeit fuhr mich der Freikirchler Wilhelm Rodtmann öfters zu Jahresfesten, Glaubenskonferenzen und ähnlichen übergemeindlichen Diensten. Auf einer dieser
Fahrten, es mag nach Ennepetal oder Rüggeberg gewesen sein, rückte seine Frau mit ihrem Vorschlag heraus:
»Eigentlich müßten Sie auch mal in die Fabriken gehen
und missionieren. Oder meinen Sie, daß die Arbeiter alle
in die schönen Evangelisationen kommen, die Sie veran-
stalten?«

Ich glaube, ich habe sofort gespürt, daß hier ein Auftrag
auf mich zukam. Prompt reagierte ich empfindlich und ge-
reizt. »Aber wie stellen Sie sich das denn vor, gute Frau?«,
begann ich meine Abwehr aufzubauen. Nachdem dieser
Punkt ohne entscheidenden Vorteil für eine der beiden Par-
teien abgehandelt war, schoß ich meinen zweiten Pfeil ab:
»Dann muß Ihr Sohn aber auch mitmachen.« Er war Lehrling in einem technischen Betrieb, und die Mutter war sofort einverstanden. »Der kann gern mitgehen«, erklärte sie.
Aber ich hatte noch einen dritten Pfeil im Köcher: »Das
wird eine Menge Arbeit verursachen und in den einzelnen
Betrieben vorbereitende Besuche erforderlich machen. Das
kann ich nur, wenn Ihr Mann mich jedesmal hinfährt.«
Wieder nickte sie.

Dann haben wir die Sache tagelang in der Stille vor Gott
erwogen und vorbereitet, und sicher ist das eine der wichtigsten Phasen, wenn im Reich Gottes eine neue Arbeit entsteht. Aber man muß darauf gefaßt sein, daß Gott einen
zwischendurch auch mal hinausschickt und sagt: »So, nun

geh erst mal los und tu was!« Ich ging zu Schleifermeister Albert Moos, dem Neffen des bereits erwähnten Kaspar Moos, und zu einem Mitglied unseres Posaunenchors. Beide fragte ich: »Wenn wir uns nun wirklich in eine Fabrik hineinwagen und die Leute uns auch hineinlassen, wie könnte man dann nach eurer Meinung einen solchen missionarischen Einsatz mitten unter Arbeitern aufziehen?«

Als Ergebnis unserer Überlegungen stellte sich heraus: Wir brauchten einen Posaunenchor, auch wenn er nur klein wäre; alle Bläser müßten Fabrikarbeiter sein und singen können. Zwei oder drei von der Truppe sollten dann auch etwas sagen. Und das Ganze wollten wir »Betriebliche Feierpause von Mensch zu Mensch« nennen.

Nun begann ich, Besuche bei Fabrikanten zu machen; denn das alles mußte sich ja während der Arbeitszeit abspielen, also vom Unternehmer bezahlt werden. Meist wurde in diese Vorgespräche auch der Betriebsrat eingeschaltet.

Die Mitglieder unserer kleinen Mannschaft nahmen sich schließlich einen Tag frei, wir mobilisierten die Beter in unseren Gemeinden und nahmen uns für den ersten Einsatztag zwei oder drei Fabriken vor. Die erste Fabrikhalle, die wir betraten, kam uns wie der Bodensee vor, nur daß da kein Eis war und wir trotzdem darüberreiten sollten. Wir hatten ja keine Ahnung, wie die Männer reagieren würden; vielleicht flogen uns gleich Schraubenschlüssel und Lötkolben um die Ohren.

Wir hatten kleine Plakate drucken und in den Betrieben aufhängen lassen: »Betriebliche Feierpause, jeder ist herzlich eingeladen.« Und sie kamen. Manche zögernd, manche skeptisch – gegen Schluß waren fast alle da.

Zuerst wurde geblasen, dann erklärte ich in einem kurzen Grußwort, warum wir gekommen waren. Unser Lehrling schloß sich mit ein paar Sätzen an. Dann wieder der Bläserchor, anschließend ein Lied: »Ich bin durch die Welt gegangen«, oder »Dir fehlt wohl noch der Friede«. Dann sprach Albert Moos, der ehemalige Atheist, der durch das Beispiel seines Onkels Kaspar Christ geworden war: »Heute haben wir euretwegen mal die erste Garnitur an. Morgen arbeiten wir selber wieder im Blauleinen an der Werkbank.« Er stand, während er sprach, auf einer Kiste oder einem Treppenabsatz. Die Arbeiter bildeten einen Kreis, hockten auf Geräten oder lehnten an Maschinen. Selten habe ich Männer erlebt, die so aufmerksam zuhörten wie hier am Ort ihrer täglichen Arbeit, unter Shedfenstern und Hängekränen. Ich selbst sagte nur unser kleines Programm an. Aber ich kann mich nicht erinnern, je bei einer Veranstaltung unter Arbeitern Protestrufe gehört zu haben.

Bei den Fabrikanten traf ich auf großes Entgegenkommen, aber manchen war doch nicht so ganz wohl zumute, wenn unser kleines Häuflein in ihre große Montagehalle hineinmarschierte. In einer Gießerei machte uns der Arbeitgeber darauf aufmerksam, daß in seinem Betrieb für derlei Veranstaltungen wohl ein etwas zu rauher Umgangston herrsche. »Aber geben Sie uns doch wenigstens die Chance, daß wir die Botschaft von Jesus sagen können«, bat ich. Er nickte. »Aber ich gehe nicht mit«, erklärte er. Als er anschließend hörte, wie es gelaufen war, freute er sich.

Auch Wilhelm Busch ist einmal dabeigewesen. Er war ganz betroffen. »Die Lieder«, murmelte er immer wieder, »die Lieder schlagen die Bresche.« Einmal war Renate Lüsse mit, wir haben extra ein kleines Harmonium für sie mitgenommen. Als sie dann mit ihrer tiefen Altstimme Glaubenslieder sang, verschlug es den Arbeitern die Sprache.

Ich weiß, daß man über erweckliche Lieder unterschiedlicher Meinung sein kann; aus mancherlei klugen Gründen und mit gewichtigen Argumenten. Und ganz sicher soll sich aus dem breiten Angebot christlichen Liedgutes jeder das aussuchen, was seiner eigenen Seelenlage entspricht und was er von Herzen fröhlich mitsingen kann: seien es nun Heilslieder, Choräle oder moderne Melodien und Texte. Nur urteilen sollte man über den geistlichen Wert des erwecklichen Heilsliedes wohl nicht, wenn man nicht miterlebt hat, welchen tiefen Eindruck es im missionarischen Einsatz vor Ort, in Fabrikhallen, in Sälen und Zelten, auf Rummelplätzen und in Kaschemmen bei schlichten Menschen in Verbindung mit dem gesprochenen Zeugnis von Jesus Christus hinterlassen kann.

Zum Abschluß jeder solchen Feierstunde verteilten wir das Zeitungstraktat »Das Wichtigste für unsere Zeit«. Dabei ergaben sich manche Gespräche und seelsorgerliche Kontakte. Und der eine oder andere, der lange Zeit den Weg in den Gottesdienst nicht gefunden hatte, stellte sich anschließend auch dort wieder ein.

Insgesamt sind wir wohl in über 200 Fabriken gewesen. Einmal wurde zu einem Vorgespräch der Vorsitzende des Betriebsrats hinzugezogen. Er war Kommunist und fragte sofort: »Welches Kapitel steckt dahinter?« Als ich ihm klarzumachen versuchte, daß hier von Kapital nicht die Rede sein könne, wollte er es nicht glauben: »Das ist doch nicht möglich. Das ist doch ein Job, die kriegen doch was für ihr Blasen!« – »Nee«, entgegnete ich. »Sie werden sich wundern, die zahlen sogar noch jeden Monat 3 Mark Mitgliedsbeitrag im CVJM. Das tun wir alle für Jesus, der lebt doch!« – »Quatsch«, brummte er, »welches Kapital steckt dahinter?« Das hat diesen Mann beeindruckt, daß sich da Menschen für etwas einsetzten um der Sache willen. Und vielleicht ist das die kürzeste Formel, mit der man Fabrikmission beschreiben kann: »Einsatz um der Sache willen.«

Straßenmission: »Leute, macht die Fenster auf!«

Auf dem Gebiet der Straßenmission besaß ich aus meiner Berliner Vikariatszeit einige Erfahrung. Was in den Höfen der großen Wohnkasernen des Berliner Ostens möglich war, sollte sich wohl auch in einer Stadt wie Lüdenscheid bewerkstelligen lassen.

Auf dem Ordnungsamt besorgte ich die Erlaubnis, daß wir am Sonntagvormittag von 11 bis 13 Uhr auf den Straßen singen durften. Einer der Beamten dort war uns wohlgesonnen. Dann setzte ich mich mit einem Christen in Radevormwald in Verbindung, der einen Lautsprecherwagen besaß. Er hat damit oft die Einsätze der Campingmission an den Talsperren des Bergischen Landes unterstützt. Solche

Hilfe konnten auch wir gut gebrauchen. Schließlich bat ich die Gemeindechöre um ihre Mitwirkung. Und dann gingen wir vom Sonntagsgottesdienst aus nicht nach Hause, sondern gemeinsam auf die Straße.

Die jungen Leute verteilten rechts und links in den Häusern Traktate, während ich immer wieder über den Lautsprecher rief: »Macht die Fenster auf, Leute! Wir haben eine wichtige Nachricht!« So öffneten sich die Türen. Langsam und zögernd traten sie heraus, fast immer in der gleichen »Schlachtordnung«: vorn die Kinder, dahinter die Frauen, im Hintergrund schließlich die Männer, oft noch im Pyjama. Da war es Zeit für meine kleine, nach Möglichkeit mit Humor gewürzte Ansprache: »Heute ist Muttertag! Aus diesem Anlaß möchten wir Ihnen einen lieben Gruß bringen. Hoffentlich haben Sie Ihrer Frau und Ihrer Mutter auch eine kleine Freude gemacht. Aber es hat natürlich keinen Zweck, am Muttertag groß mit Geschenken anzugeben, wenn man an den 364 übrigen Tagen mit der Faust auf den Tisch haut, daß die gekochten Eier an die Decke fliegen.« Dann galt es, möglichst schnell und direkt den Übergang zum Eigentlichen zu finden: »Ich kenne aber eine Liebe, die noch viel größer ist als Mutterliebe – das ist die Liebe Jesu.«

In ihrer Schlachtordnung sind sie stehengeblieben und haben zugehört. Wir haben gesungen und sie dann zum Gottesdienst eingeladen. Jahrelang haben wir das beibehalten und uns dabei möglichst dichtbesiedelte Wohnbezirke ausgesucht. Inzwischen haben sich Zeiten und Situationen geändert; manches, was damals möglich war, läßt sich in dieser Form heute nicht mehr durchführen. Die Frage ist, ob wir nach neuen Wegen suchen und sie nutzen.

Kellner-Mission: die große Pleite

Um keinen falschen Eindruck zu erwecken, muß ich ein Erlebnis aus der missionarischen Arbeit unter Kellnern anfügen. Die Kellner-Mission gibt ein eigenes Verteilblatt, »Den Boten«, heraus. Den haben wir in unserer Stadt regelmäßig an die Angestellten des Gaststättengewerbes verschickt. Auf diese Kontakte aufbauend, wollten wir dann eine Weihnachtsfeier organisieren. Für halb elf Uhr abends hatten wir schriftlich eingeladen; der Raum war weihnachtlich geschmückt, der Tisch festlich gedeckt, sogar einen kleinen Chor hatten wir zusammengetrommelt. Und dann mußten wir die Erfahrung machen, daß kein Mensch kam.

Damals haben wir uns gesagt: Jetzt erfahren wir einmal am eigenen Leib, wie es vielen Missionaren geht, die jahrelang treu und unermüdlich einladen und rufen und denen über lange Zeiträume hinweg jeder Erfolg versagt bleibt. Sind wir, die auf Erfolg Programmierten, eigentlich noch bereit, um Jesu willen auch einmal eine Fehlinvestition in Kauf zu nehmen? Riskieren wir es, daß kein Mensch kommt, auch wenn wir uns mit der Vorbereitung einer Veranstaltung noch so viel Mühe gemacht, alle unsere Liebe darauf verwendet haben?

Pfarrerwahl: Durchgefallen

Mancher Amtsbruder leidet darunter, daß ihm bei einer Pfarrerwahl die nötige Anzahl Stimmen vorenthalten wurde.

Ich habe mich in meinem Leben ein einziges Mal beworben; ich wollte gern in die Kirchengemeinde Werdohl – und bin prompt durchgefallen. Das war mir damals zunächst sehr sauer. Erst allmählich habe ich gelernt, daß es eine große Gnade ist, wenn man ins zweite Glied zurücktreten kann. Im Einsegnungsspruch der Aidlinger Schwestern heißt es: »Ich komme nicht in Betracht.« Christen sind geführte Leute, deshalb können sie im üblichen Sinn nie Verlierer sein.

Der Elefant im Fliegennetz oder:
Wie ich zur Bekenntnisbewegung kam

Unter der Leitung von Pastor Tegtmeyer, Superintendent Theo Brandt, Professor Hellmuth Frey und Pfarrer Rudolf

Bäumer traf sich regelmäßig eine Gruppe von Pfarrern und Laienchristen; man nannte sie kurz den »Bethelkreis«. Ihre Sorge galt der Kirche; sie beschäftigten sich mit den wachsenden theologischen Problemen und versuchten vor allem, der Verfälschung des Evangeliums durch immer stärker aufkommende modernistische Strömungen in der Theologie entgegenzuwirken. Dieser Bethelkreis plante für das Frühjahr 1966 eine Kundgebung in der 3000 Menschen fassenden Ruhrlandhalle in Bochum. Professor Künneth sollte vor Pfarrern und Presbytern sprechen.

Mir war bei diesem Vorhaben irgendwie nicht wohl. Seit Monaten wurde ich den Gedanken nicht los, daß es endlich an der Zeit wäre, in der breiten Öffentlichkeit für die Glaubwürdigkeit des biblischen Evangeliums« einzutreten. Durch den Einfluß der kritischen Theologie auf Predigt und Gemeindearbeit waren viele Christen angefochten oder in ihrem Glauben wankend geworden. Durften wir uns in einer solchen Situation darauf beschränken, das Problem einmal mehr im Kreis von Pfarrern, Presbytern und Diakonen zu erörtern, auch wenn dies in einer großen Halle und vor einer großen Zahl geschah? Für mich wurde immer deutlicher, daß dies keine Lösung sein konnte. Und dann war es tatsächlich die Deitenbecksche Impulsivität, die mithalf, eine Sache in Bewegung zu setzen, über deren Bedeutung, Größenordnung und zeitliche Dauer sich damals noch niemand Gedanken machte.

Am 12. Januar trafen wir uns in einem Nebenraum der Bahnhofs-Gaststätte in Hamm. Ich hatte Rudolf Bäumer, der die Sitzung leitete, gebeten, mir nach der Andacht das Wort zu erteilen. Und so habe ich den anwesenden Brüdern auf meine Art deutlich zu machen versucht, was mir am Herzen lag: daß wir in dieser Art nicht weitermachen könnten, sondern jetzt in der breiten Öffentlichkeit für die Glaubwürdigkeit des Evangeliums eintreten müßten; daß die Bezeichnung »Bethelkreis« für eine solche Aktion zu blaß sei und daß wir das Unternehmen deshalb einfach »Bekenntnisbewegung: kein anderes Evangelium« nennen sollten; daß man sich bei einem derartigen »Wasserrohrbruch«

nicht mit dem Versuch begnügen dürfe, das theologische Badezimmer trockenzulegen, sondern daß es jetzt gelte, die Lebensräume der Gemeinde zu schützen, in die theologische Leitsätze und Formulierungen hinabzutropfen begannen, die viele Christen weder verstehen noch verkraften konnten. Mit einem Wort: wir müßten jetzt die Gemeinde in ihrer ganzen Breite informieren und ermutigen; das könne nur durch einen Aufruf geschehen, der sie voll einbeziehe.

Bei einem solchen Antrag kommen einem natürlich Erfahrungen aus der evangelistischen Arbeit zugute, auch wenn sie nicht von allen als angenehm empfunden werden mögen.

Es folgte eine lebhafte Diskussion, wie man so etwas denn bewerkstelligen könne. Mitten hinein in das Hin und Her der Stimmen und Meinungen platzte Gerhard Bergmann mit dem Vorschlag: »Dann gehen wir eben in die Westfalenhalle.« Daraufhin war schlagartig die volle Einmütigkeit unter uns wiederhergestellt: denn allen fuhr der gleiche Schreck in die Glieder; die Westfalenhalle faßte wenigstens 20000 Menschen. Weit war es ja nicht von Bochum nach Dortmund; aber wir waren mit dem Fliegennetz ausgezogen, und nun wollten wir plötzlich einen Elefanten fangen.

Ein gemeinsamer Schreck kann – neben anderen – auch heilsame Auswirkungen haben. Den bissigen Hund hinter sich, hat schon mancher Mauern übersprungen, an die er sich sonst nie herangewagt hätte. Man kann hinter das schreckauslösende Moment nicht zurück, und man besinnt sich darauf, was als nächstes zu tun ist.

Gemeinsam haben wir dann gebetet: »Wenn du es haben willst, Herr, daß wir in die Westfalenhalle gehen, dann gib, daß sie an dem von uns vorgesehenen Tag frei ist.« Unsere Kundgebung war für den 6. März geplant, und bis dahin waren es nur noch wenige Wochen.

Bereits auf der Fahrt nach Hamm hatte ich einen wichtigen Verbündeten gewonnen. Der Ingenieur Friedrich Alfringhaus hatte sich bereit erklärt, die Regelung der mit einer solchen Kundgebung verbundenen finanziellen Angelegenheit zu übernehmen. Er konnte nicht ahnen, worauf er sich da eingelassen hatte; heute ist er Kassenwart der Bekenntnisbewegung und an der Vorbereitung ihrer Tagungen und Konferenzen beteiligt. Aber das alles konnte damals niemand wissen, und das war gut so.

Unsere erste Anfrage ergab, daß die Westfalenhalle belegt war, allerdings noch nicht definitiv. Zwei Tage wurden wir hingehalten. Dann rief mich Rudolf Bäumer aus einer Fernsprechzelle in Espelkamp an: »Du, die Westfalenhalle ist jetzt frei. Aber überleg doch noch mal, Paul, sollen wir das wirklich wagen? Diese Riesenhalle – und hinter uns steht doch keine Organisation!«

Aber er stand in einer engen Telefonzelle, er konnte nicht umfallen. Und ich saß zu Hause hinterm Schreibtisch; da konnte ich die schlotternden Knie festklemmen. Wir hatten in Hamm »ja« gesagt, nun mußten wir auch dabei bleiben. Es galt einfach, alle Christen aufzurufen, die wir irgend erreichen konnten. Und auch das andere hatten wir in Hamm klargestellt: Wir wollten solange Pellkartoffeln mit Hering essen, bis wir die Unkosten aus eigener Tasche bezahlt hatten, falls das Unternehmen finanziell danebengehen würde.

Nun begannen die Druckmaschinen an- und die Telefone heißzulaufen. Hunderttausende von Einladungen schickten wir ins ganze Land. In jenen Tagen habe ich Gott immer wieder um drei Dinge gebeten, und meine Freunde wußten das: um gutes Wetter, um eine volle Westfalenhalle und um 70000 Mark Kollekte.

Gutes Wetter hat Gott geschenkt, schon tagelang vorher war es trocken. Was wäre geschehen, wenn es geschneit oder wie aus Kannen geschüttet hätte? – Die Westfalenhalle war nicht nur voll, sondern überfüllt. – Die 70000,– DM hat uns Gott nicht gegeben, damit wir nicht hochmütig würden. Aber 38000,– DM kamen zusammen; damit konnten wir die Unkosten decken und behielten noch einen Überschuß.

Diese erste große Kundgebung war die Geburtsstunde der Bekenntnisbewegung. Zu mir sagte damals in Dortmund ein Berufsschulpfarrer: »Sie glauben ja gar nicht, welche Ermutigung das für uns, die wir uns oft auf verlorenem

Posten vorkommen, bedeutet: daß wir einmal ohne Stottern das Glaubensbekenntnis mitsprechen können, Glaubenslieder singen und das Evangelium ohne Wenn und Aber bezeugt bekommen.«

Mit Dortmund hatte etwas begonnen, was sich fortsetzte und von uns nie ins Auge gefaßte Größenordnungen annahm. Die Sache ging weiter – nicht ohne Schwierigkeiten und nicht ohne Fehler. Aber ich habe in dieser Arbeit erlebt, wie Gott Gebete erhört. Deshalb sehe ich sie letztlich nicht unter dem Gesichtspunkt der Kirchenpolitik; für mich ist das alles mehr eine Frage des kindlich gläubigen Vertrauens. Andererseits frage ich mich, warum man das eine vom anderen so scharf trennen muß.

Vertrauensfrage: Das Wetter

Die Frage des kindlich-gläubigen Vertrauens wird für mich, zumal bei Großveranstaltungen, immer dann beispielhaft deutlich, wenn es ums Wetter geht. Wir haben wiederholt große Versammlungen im Freien durchgeführt: etwa die »Gemeindetage unter dem Wort« in Stuttgart 1975 und 1978 und in Dortmund 1977. Wie oft hat man mir da entgegengehalten: »Wir haben doch keine Glücksversicherung, daß es nicht regnet!« Aber ich habe in diesem Zusammenhang nie von Glück oder Versicherung gesprochen. Ich habe nur gesagt: »Es regnet nicht an diesem Tag. Wir beten einfach dafür.« Und an diesen Gemeindetagen hat es nicht geregnet. In Dortmund war es allerdings kühl; da hatte es vorher tagelang gegossen. Zwei Tage vor unserem Treffen hörte der Regen auf, und einen Tag später setzte wieder Dauerregen ein. Dem Gemeindetag in Stuttgart 1978 gingen katastrophale Wolkenbrüche voraus.

Wir erleben das jedes Jahr neu beim großen Waldgottesdienst, den wir am Pfingstmontag an der Glörtalsperre halten. Da kann man nun diskutieren und theologisieren, solange man will: er ist seit 30 Jahren kein einziges Mal wegen Regen ausgefallen. Adolf Scharwächter, der treue Organisator, rechnet einfach damit.

Einmal hatte ich kurz vor Pfingsten einen Reporter an der Strippe, der es ganz genau wissen wollte. »Und was machen Sie, wenn's regnet?«, fragte er. – Antwort: »Es wird nicht regnen.« Darauf er: »Haben Sie so gute Beziehungen nach oben?« – Da hab ich's ihm halt noch einmal erklärt: »Wir haben verdient, daß es Hackebeilchen regnet. Aber wir haben das kindliche Vertrauen, daß Gott uns trockenes Wetter geben wird.«

Wir haben erlebt, daß es noch in der Nacht in Strömen gegossen hat, aber am nächsten Tag konnten wir dann unseren Gottesdienst doch abhalten. Natürlich hat nicht immer die Sonne am wolkenlosen Himmel gelacht; es war manchmal trüb und unfreundlich. Aber der Waldgottesdienst an der Glör ist nie wegen Regen ausgefallen. Trotzdem habe ich keine Garantie, nur eine schlichte Antwort: »Gott hört, wenn wir bitten.«

»Geführter Hausbesuch«

Dieses Kapitel darf nicht mit dem Eindruck enden, als bezögen sich Führungen und Gebetserhörungen im wesentlichen auf Großveranstaltungen. Sie haben im Leben jedes Christen ihren Platz.

Als Gemeindepfarrer wurde ich einmal gedrängt, eine Familie zu besuchen, die gar nicht zu meinem Bezirk gehörte. Ich drückte auf die Klingel, und die Hausfrau öffnete mir. »Wer hat Sie denn geschickt?« fragte sie. Nun, mich hatte niemand geschickt, und das sagte ich ihr auch. Da begann sie zu erzählen: »Mein Mann wollte Sie heute abend auf dem Heimweg besuchen. Ich habe einen so fürchterlichen Traum gehabt, damit werde ich einfach nicht fertig.« Nun konnte ich ihr antworten: »Na, dann hat mich Gott geschickt.«
Als der Mann am Abend bei mir erschien, sagte ich zu ihm: »Du brauchst mir gar nichts mehr zu erzählen; ich weiß bereits Bescheid.« – Es sind diese Führungen in den kleinen Dingen, die mir immer neu bestätigen, daß Gott im kleinsten am allergrößten ist.

Die gestohlene Schreibmaschine

Einem holländischen Evangelisten wurde 1947 auf der Königsallee in Düsseldorf aus dem geparkten Wagen eine Schreibmaschine gestohlen, damals ein sehr kostbarer, weil nahezu unersetzlicher Besitz. Er meldete den Verlust der Polizei und erkundigte sich dann täglich nach dem Ergebnis der Nachforschungen, aber man fand nichts. Daraufhin sagte er zu dem diensttuenden Beamten: »Dann will ich mich mal an eine höhere Stelle wenden.«

»Wie, haben Sie besondere Beziehungen?«

»Nein, ich werde dafür beten.«

So trug er die Sache Gott vor; er wisse ja, wie dringend sein Diener die Schreibmaschine für die Arbeit benötige, und er hatte auch einen Vorschlag bereit, wie er sich die Sache dachte: »Gib doch, daß der Dieb keine Ruhe findet, solange er die Schreibmaschine in seinem Besitz hat.«

Der Herr mit den langen Fingern fand auf der Schreibmaschine Namen und Anschrift des rechtmäßigen Eigentümers, und irgendwie schmeckte ihm das Ganze nicht. Er rief diesen an und vereinbarte ein Treffen.

Der Holländer hat seine Schreibmaschine tatsächlich wiederbekommen, im Beisein des Diebes hat er sich dafür bei Gott bedankt. So kann Gott auch in kleinen Dingen auf geheimnisvolle Weise helfen.

Zwei Gitarren für Wladiwostok

Seit Jahren habe ich mit einem Werkmeister Kontakt. Er lebt heute im Ruhestand und trägt einen Herzschrittmacher, hätte auf Ruhe also wirklich Anspruch. Jeder würde sie ihm gönnen, aber er hat sich einem anderen »Schrittmacher« anvertraut. Mit dessen Hilfe hält er im Jahr noch an die 300 Vorträge: in Deutschland, Österreich und der Schweiz, sogar in Amerika. Die regelmäßigen ärztlichen Kontrollen nimmt er gelassen auf sich: »Ich muß mal wieder zum TÜV, die wollen meine Pumpe ölen.« Dann wechselt er das Thema.

Sein eigentliches Gesprächsthema sind die Christen in Rußland. Er versucht, ihnen zu helfen und durch seine Vorträge auf ihre Schwierigkeiten aufmerksam zu machen. Anläßlich einer seiner Vortragsreisen durch die USA erklärte sich eine Gruppe amerikanischer Studenten bereit, nach Rußland zu fliegen und dort Christen zu besuchen.

Unser Werkmeister traf sich mit ihnen auf dem Flughafen in Wien und übergab ihnen Bibeln, Tonbandkassetten, Medikamente und fünf Gitarren. Als er seine Bedarfsliste noch einmal kontrollierte, stellte er fest, daß noch zwei Gitarren fehlten. Ein Christ in Wladiwostok hatte darum gebeten. Nun hatte er zwar am Abend vorher eine größere Geldspende erhalten, aber die Zeit reichte nicht, um in die Stadt zurückzufahren und die Gitarren zu kaufen.

Er nahm einige der amerikanischen Studenten im Flughafenrestaurant beiseite und bat Gott, ihm doch die Möglichkeit zu geben, die fehlenden Gitarren hier auf dem Flughafen zu beschaffen. Danach bestellte sich jeder einen Kaffee. Da sahen sie vom Flugsteig eine Gruppe junger Leute herunterkommen, die Gitarren bei sich hatten. »Da sind unsere Gitarren ja schon«, murmelte der Werkmeister und stand auf. Es handelte sich um eine kommunistische Folkloregruppe aus dem Ruhrgebiet, die von einer Rußlandtournee zurückkehrte und finanziell ziemlich abgebrannt war.

Auf den Vorschlag des Werkmeisters, ihm zwei Gitarren zu verkaufen, ging man jedenfalls bereitwillig ein. Diese waren für den vorgesehenen Zweck sogar besonders gut geeignet, da die Schutzhüllen rundum mit russischen Werbeplaketten beklebt waren. Das Geschäft war kaum getätigt, da wurde der Flug nach Wladiwostok ausgerufen, für den die amerikanische Studentengruppe gebucht hatte.

Wenige Tage später erhielt der Werkmeister einen Telefonanruf, in dem ihm herzliche Glückwünsche zum Geburtstag übermittelt wurden. Das war das vereinbarte Zeichen: alle Geschenke hatten wohlbehalten ihren Bestimmungsort erreicht. Bleibt nur noch hinzuzufügen, daß die kommunistische Jugendgruppe direkt hätte nach München fliegen sollen; Nebel über dem Flughafen München-Riem hatte die Maschine zur Zwischenlandung in Wien gezwungen.

Bei der ganzen Geschichte hatte kein Pastor seine Hand im Spiel. »Laienchristen« hatten die Kühnheit besessen, Gott um etwas Unmögliches zu bitten. Und Gott hatte das Unmögliche wahr gemacht, souverän, ohne Anspruch auf Wiederholung, aber indem er an vielen unsichtbaren Fäden zog.

Hanns Lilje hat einmal gesagt: »Wenn Gott eine Führung vorhat, dann setzt er einen ganzen Apparat von Ereignissen und Möglichkeiten zu ihrer Verwirklichung ein.«

»Betriebliche Feierpause von Mensch zu Mensch«

8. Kapitel

Gott will uns nicht als verkrampfte Halbengel

Begegnung mit Evangelisten

Evangelisten sind Leute, denen Gott eine schwierige Aufgabe anvertraut hat. Sie sollen etwas tun, was vielen anderen Christen keineswegs leicht fällt, nämlich ihre Zeitgenossen mit der Guten Nachricht von Jesus Christus bekanntmachen.

Auch für Evangelisten ist das nicht immer einfach; sie geraten in Situationen, in denen sie sich alles andere als glücklich schätzen. Wir haben immer noch die Möglichkeit zu kneifen, wenn es uns am Arbeitsplatz oder im Freundeskreis zu schwierig erscheint, etwas über Christus zu sagen. Dem Evangelisten ist der Fluchtweg durch den Notausgang abgeschnitten, wenn er erst einmal auf dem Podium sitzt, und niemand fragt mehr danach, was er denkt oder fühlt und wie ihm zumute ist.

Wir sitzen dann vermutlich bequem und gut geschützt in der vorletzten Reihe. Und ehe wir uns versehen, verwandeln wir uns aus Mitstreitern in Zuschauer; der Zuschauer aber ist seinem Wesen nach bereits so etwas wie ein Kritiker. Und aus langjähriger Erfahrung, erworben durch den Besuch ungezählter evangelistischer Veranstaltungen (immer auf der Zuschauerbank), leiten wir irrigerweise das Recht ab, über die Veranstaltung und ihren Redner distanziert kritisch urteilen zu können. Dabei vergessen wir leicht, daß der Evangelist an jedem Abend einen neuen Kampf auszutragen hat: gegen kritische Gemeindeglieder wie uns, gegen die Skepsis von Zuhörern, die noch keine Christen sind, sowie gegen andere Kräfte, die man nicht sehen kann. Wir ignorieren, daß es im Hin und Her dieser Auseinandersetzung gar nicht ausbleiben kann, daß der Evangelist einmal zu laut, einmal zu leise, einmal zu aggressiv und einmal vielleicht zu zurückhaltend reagiert; er hat das größte Thema der Welt zu behandeln, das Thema mit dem größten Widerspruch. Wer da auf nichts weiter als den wohltemperierten Vortrag und die geschliffene Formulierung achtet, so wichtig beide sind, der hat vielleicht noch nicht ganz begriffen, worum es geht. (Bei der Evangelisation können Christen letztlich nur Selbstkritik üben, weil sie immer beteiligt und engagiert sind; sind sie das nicht, so hat ihre Kritik genau da anzusetzen.)

Weil Evangelisationen nie im luftleeren Raum stattfinden (auch dann nicht, wenn die Gemeinde weitgehend unter sich ist!), gleicht die Aufgabe des Evangelisten fast immer einer Gratwanderung bei Sturm. Es kann nicht ausbleiben, daß er vom schmalen Pfad wohlgesetzter evangelistischer Rede nach rechts wie nach links abweicht. Die Gemeinde ist verpflichtet, das mit wachsamen und kritischen Augen zu verfolgen. Ihre Kritik ist aber nur solange berechtigt, wie sie den Kritisierten ans Seil nimmt und seinen »Absturz« verhindert. Wer die Hände in die Taschen steckt und den Evangelisten »fallen läßt«, gleicht dem Theaterkritiker, der ein Drama beurteilt, ohne sich über die tragenden Rollen der Handlung im klaren zu sein.

Zur Aufgabe des Evangelisten gehört, daß er sich intensiv mit seinen nichtglaubenden Zeitgenossen auseinandersetzt; ohne sich ihrer Lebensweise anzupassen, aber auch ohne sie pharisäisch-überheblich zu verurteilen. Er muß wissen, wo seine Zuhörer der Schuh drückt, wenn er an der richtigen Stelle ansetzen soll. Er muß ihre Sprache reden, damit sie verstehen, was er ihnen zu sagen hat. Das aber setzt gerade im Bereich der volksmissionarischen Arbeit ein oft unterschätztes Maß an Originalität voraus.

Um die beschriebenen Aufgaben mag der Christ in der Gemeinde den Evangelisten keineswegs beneiden. Mit der Erfüllung der evangelistischen Aufgabe ist jedoch ein Nebeneffekt verbunden, in den sich mancher Christ nicht ungern einbeziehen ließe. Denn von ihm selbst spricht niemand, auch wenn er sich zum Wohl der Gemeinde die Hakken wundläuft. Der Dienst des Evangelisten dagegen vollzieht sich zwangsläufig im Rampenlicht der Öffentlichkeit.

Von allen Plakatsäulen strahlt sein Gesicht, und nie sah er jugendlicher aus. Sein Name steht in der Zeitung und ist in aller Munde. Einen wesentlichen Teil seiner Arbeit tut er gewissermaßen auf einem Tablett, das in der Öffentlichkeit herumgereicht wird.

Nun kann ein Evangelist ohne einen gewissen Bekanntheitsgrad die Menschen vor den Toren der Kirche, um deretwillen er ja evangelisiert, nur schwer erreichen. Die Leute wollen wissen, mit wem sie es zu tun haben. Wir alle sollten erkennen, daß damit ein Risiko verbunden ist. Das Parkett, auf dem den Evangelisten das Scheinwerferlicht trifft, hat sich schon manchmal als glattgebohnert erwiesen; hier möchte der Teufel den ihm unbequemen Rufer ausrutschen lassen. Wir sollten es uns nicht hinter dem Rücken zutscheln, sondern offen aussprechen, daß der Evangelist zwar nicht eitler ist als andere Leute, daß ihm aber viel mehr Gelegenheit geboten wird, sich selbst in den Vordergrund zu schieben und daß er in diesem Punkt deshalb stärker gefährdet ist als andere Christen; es handelt sich um eine Art Berufsgefährdung; die Gemeinde ist zum Schutz des Bedrohten mit aufgerufen.

Aber die liebe Gemeinde bewegt sich oft in einer ganz anderen Richtung. Im Grunde kann man das gut verstehen; denn sie hat nun einmal keine Fußballstars und Filmschauspieler, die sie bewundern und beklatschen kann. Es fehlen ihr vom Leben enttäuschte Fürstinnen aus christlichen Herrscherhäusern, denen man wonnigschmerzliche Sympathien entgegenbringen könnte. Zu dem wenigen, was sich dem suchenden Auge bietet, gehören die im Land umherziehenden Evangelisten. Es mag diesen gefallen oder nicht, man nimmt das Tablett, auf dem sie ohnehin schon gefährlich leben, und trägt es nun auch jubelnd durch den Tempel. Da gibt es dann Graham-Fans, Bergmann-Fans, Hansen-Fans, Schulte-Fans, und damit macht die Gemeinde die Evangelisten zu dem, was sie ihnen im gleichen Atemzug übelnimmt: nämlich zu Stars. Den Evangelisten aber erschwert sie es, da Mensch zu sein, wo sie zuallererst ein Recht darauf hätten: in der Gemeinschaft der Christen.

Dieser Abschnitt ist, frei nach Erich Kästner, ein Loblied auf die Evangelisten, ohne daß die es vielleicht merken (was ihnen nur gut tun kann). Es ist zugleich ein Appell an die Gemeinde, und man kann nur hoffen, daß sie das begreift.

Grundsätzlich ist mir um die Evangelisten jedoch keineswegs bange; dazu bin ich zu vielen begegnet, die sehr wohl verstanden haben, sich ihr Menschsein zu erhalten.

Ernst Modersohn: Hochzeitsreise auf Raten

Die jüngste Tochter von Ernst Modersohn, die heute in Südafrika lebt, hat mir einmal erzählt, daß ihr Vater alle paar Monate mit seiner Frau für einige Tage privat auf Reisen ging. Sie sind dann zusammen gewandert, haben sich nette Gasthöfe zur Übernachtung ausgesucht und dabei eine festliche Mahlzeit ganz bewußt genossen. Modersohn pflegte diese Ausflüge als »nachgeholte Hochzeitsreise« zu bezeichnen, da diese zu Beginn der Ehe aus irgendwelchen Gründen hatte ausfallen müssen. Er hat dies bis ins hohe Alter hinein beibehalten und ist immer dafür eingetreten, daß Eheleute auch füreinander Zeit haben müssen.

Dieser Mann hat durch seine Evangelisationen während und nach dem Ersten Weltkrieg ganze Gebiete christlich geprägt.

E. Modersohn: Die abgesägten Bettpfosten

Modersohn hat auf seinen vielen Reisen so manches erlebt, was ihm Stoff für plastische Predigtillustrationen lieferte. Sein Schwiegersohn Ernst Krupka hat uns erzählt, einmal sei ein jungverheirateter Ehemann zu Modersohn in die Aussprache gekommen und habe ihm bekümmert erzählt, daß seine junge Frau, obwohl sie doch eine gläubige Christin sei, jeden Abend unter dem Bett nachschaue, ob kein fremder Kerl darunter läge. Das ginge ihm gegen den Strich, denn schließlich wäre er doch jetzt da, und das alles sei ohnehin Unsinn.

Modersohn gab dem jungen Mann den Rat, seiner Frau

gut zuzureden und ihr klarzumachen, daß sie unter seinem Schutz nichts zu fürchten habe. Wochen später traf Modersohn den in seiner Ehre gekränkten jungen Ehemann wieder. Natürlich erkundigte er sich, ob es ihm denn gelungen sei, seine junge Frau von der ihm ärgerlichen Gewohnheit abzubringen. Der junge Ehemann lächelte verschmitzt. »Ich habe mich lieber zu einer sicheren Lösung entschlossen«, meinte er. »Ich hab' die Bettpfosten abgesägt.«

Ernst Krupka: Der Flüchtling

Ernst Krupka, den wir später nur Vater Krupka nannten, war selbst ein Original und viele Jahre als Evangelist der Deutschen Zeltmission tätig. Gern erzählte er die Geschichte von einem Zeltevangelisten, der von den Frauen derart umschwärmt und als Seelsorger so begehrt war, daß er sich nach Schluß der Veranstaltung heimlich durch einen schmalen Ritz in der Zeltwand zwängte und an der Rückseite des Zeltplatzes im Schutz der Dunkelheit über den Zaun stieg, um zu verschwinden. Glücklich sind, die nach rückwärts Boden gewinnen!

Ernst Krupka: »Es soll ja ziehen!«

Bei einer Zeltaussendungsfeier in der überfüllten Siegener Hammerhütte herrschte so stickige Luft, daß Krupka Anweisung gab, die Fenster zu öffnen. Prompt beschwerten sich einige Besucher, die wohl etwas ungünstig saßen, daß es ziehe. – »Seht Ihr«, antwortete Krupka unbekümmert, »das soll's ja gerade!« Wenn Zeltmission geistlich gesehen immer neu auf frischen Wind Gottes angewiesen ist, dann konnte, nach Krupkas Meinung, ein frischer Windstoß in der Hammerhütte ebenfalls nicht schaden.

Daniel Schäfer: Sonnige Seelsorge

Einen besonderen Stil der Evangelisation hat Daniel Schäfer entwickelt. Er läßt sich vielleicht am besten mit der Bezeichnung »sonnige Seelsorge« charakterisieren. Das war zugleich ein Zentralbegriff im Schrifttum Daniel Schäfers, und es ist gewiß nicht von ungefähr, daß er ein Buch über die Freude geschrieben hat.

Von ihm habe ich das Wort behalten: »Das größte Christuszeugnis ist die Existenz einer lebendigen Gemeinde.« – Das Beispiel eines einzelnen Christen ist wichtig, es kann ansteckend wirken, aber stärker als die Ausstrahlungskraft eines einzelnen ist die intakte Gemeinschaft einer lebendigen Gemeinde. Sie entwickelt die Nestwärme, die junge Christen zum Wachstum brauchen. In ihren Gottesdiensten kommt man sich nicht wie in einem Kühlschrank vor, und Glaubenslieder und Choräle werden nicht mit jenem tierischem Ernst abgesungen, durch den die gottesdienstliche Pflichtübung nur allzu deutlich hindurchschimmert. Schließlich singen wir doch nicht vor dem Finanzamt, und die Texte sind nicht unserer Steuererklärung entnommen. »Lebendige Gemeinde ist da«, würde Daniel Schäfer sagen, »wo es einem schwerfällt, nicht wiederzukommen.«

Paul Walter Schäfer: Blumen an der Unfallstelle

Sein Sohn Paul Walter trat in die Fußstapfen des Vaters. Durch Jahre hindurch haben seine Vorträge die Tersteegen-Konferenz entscheidend mitgeprägt. Paul Walter Schäfer hat in dem Ort, in dem er Pfarrer war, einen Sohn durch einen tödlichen Unfall verloren. An der Stelle, an der dies geschehen war, fand er nachher durch Wochen hindurch an jedem Morgen frische Blumen vor. Die Glieder seiner Gemeinde gaben ihm auf diese Weise zu verstehen, daß sie ihn in seinem Leid nicht allein ließen. Hier haben Gemeindeglieder ihrem Pfarrer ohne Worte eine Predigt gehalten.

Hans Bruns: ein angefochtener Bibelübersetzer

Hans Bruns ist nicht nur durch seine evangelistische Tätigkeit, sondern vor allem durch seine Bibelübertragung bekanntgeworden. Der Anstoß dazu war von außen an ihn herangetragen worden. Anläßlich eines Erholungsaufenthalts hatte jemand in einem Gespräch erwähnt, daß es doch nun an der Zeit wäre, die Bibel neu zu übersetzen und mit Erklärungen zu versehen, die dem heutigen Bibelleser das Verständnis schwieriger Texte erleichterten. Bruns sah das dann als seine Aufgabe an. Später hat er uns erzählt, daß er nicht geahnt habe, was er da auf sich genommen hatte. Vor allem die Arbeit am Alten Testament habe sich nicht nur als schwierig, sondern in manchen Passagen regelrecht als Anfechtung für ihn erwiesen: besonders die Mosebücher, in denen verschiedentlich detailliert von Geschlechtsbeziehungen die Rede ist. Der Bibelübersetzer Hans Bruns stand nicht als geistlicher Held hoch über diesen Dingen; er wurde genauso angefochten und bedrängt wie andere Bibelleser.

Hans Bruns: »Sauwetter gibt es nicht.«

Was mich bei Hans Bruns beeindruckt hat, war sein Interesse am politischen Geschehen. Wenn er irgend konnte, sah er sich am Sonntagmittag den »Internationalen Frühschoppen« an. Ich erinnere mich an manche Gebetsgemeinschaft, in der Bruns aktuelle politische Geschehnisse zum Thema seiner Fürbitte machte: »Bitte, segne den Besuch des Bundeskanzlers bei dem französischen Staatspräsidenten. Bitte, segne jenen politischen Kongreß.«

Bruns war ein impulsiver, ursprünglicher Mann, der nach einem Evangelisationsabend, an dem Menschen zu Christus gefunden hatten, ausgelassen wie ein Junge durch die stillen Gänge einer ehrwürdigen Diakonissenanstalt tanzen konnte.

Nicht zuletzt dieser Impulsivität war es zuzuschreiben, daß er anderen unverholen und derb die Meinung sagen konnte. Einmal waren wir mittags in einer christlichen Familie zu Besuch. Nach dem Essen wandte sich Bruns an den Hausherrn: »Schämst du dich nicht, hier herumzusitzen, statt deiner Frau beim Abtrocknen zu helfen?«

Ein andermal hatte sich jemand die Bemerkung erlaubt,

daß draußen ein ziemliches Sauwetter herrsche. »Sauwetter gibt es nicht«, widersprach Bruns. »Alles Wetter ist von Gott geschenkt; deshalb kann es bestenfalls unfreundlich oder für uns ungünstig sein.«

Emil Funke: Doktortitel abgelehnt

Der Missionar Emil Funke würde es mir verzeihen, daß ich ihn nachträglich unter die Evangelisten einreihe. Er hatte in Togo gearbeitet und maßgeblichen Anteil an der Übersetzung des Neuen Testaments in die Landessprache. Als Anerkennung für diese Leistung sollte ihm der Ehrendoktortitel verliehen werden, doch Funke lehnte aus Bescheidenheit ab. Mancher mag eine solche Entscheidung für fragwürdig halten. Aber vielleicht sollten wir sie in einer Zeit, in der Titel Türen öffnen und den Wert eines Menschen bestimmen, als ein aufgerichtetes Zeichen von Bescheidenheit akzeptieren.

Für mich war Emil Funke so etwas wie die Demut in Person. Allein die Tatsache, daß er gern und häufig in unser schlichtes Elternhaus zu Besuch kam, war mir ein Beweis dafür.

John Thiessen: Pistolenschuß als Predigtauftakt

Auch der Evangelist Dr. John Thiessen war früher Missionar, und zwar unter den Indianern. Zu seinen Evangelisationen brachte er manchmal eine Spielzeugpistole mit und feuerte zu Beginn seines Vortrags einen Schuß gegen die Decke. »Es genügt nicht, daß man eine Pistole besitzt«, erklärte er den erschrockenen Besuchern. »Wenn sie etwas nützen soll, muß sie auch geladen sein.«

Für einen Evangelisten gehe es nicht darum, mit einer leeren Waffe zu drohen, er habe nicht eigene Gedankenkonstruktionen und Überlegungen vorzutragen. Wenn seine Verkündigung mehr als eine Platzpatrone sein solle, die nur Geräusche verursacht, dann müsse er etwas von Gott empfangen haben. Das Wort, das aus dem Mund Gottes (nicht nur aus dem des Evangelisten) kommt, das ist es, was das Herz eines Menschen trifft. Und zwar nicht, um ihn zu töten, sondern um ihn zu einem neuen Leben aufzuwecken.

Heinrich Kemner: Gott will unser Leben groß anlegen

Bei den traditionellen Evangelisationen in der Lüdenscheider Schützenhalle hat mehrere Jahre hintereinander Heinrich Kemner mitgewirkt. Durch eine seiner Evangelisationen ist in dem Dorf Adelshofen eine Erweckung entstanden; aus diesen Anfängen heraus wuchs unter Leitung von Dr. Riecker dann die bekannte Bibelschule.

Wenn Kemner in Lüdenscheid evangelisierte, wohnte er regelmäßig im Christlichen Hospiz. Viele Menschen suchten damals seinen seelsorgerlichen Rat. Eines Tages fragte ihn die Hausdame des Hospizes: »Sagen Sie, Herr Pastor, wie kommt es eigentlich, daß die Leute alle so fröhlich sind, wenn sie Ihr Sprechzimmer verlassen?« Hatte die Frau mit jener Beobachtung nicht ein wesentliches Ziel jeder Seelsorge erkannt: die seelsorgerliche Aufgabe ist erfüllt, wenn die Leute so fröhlich nach Hause gehen, daß es den anderen nicht verborgen bleibt.

Einige Aussprüche Kemners sind mir unvergessen geblieben: »Man muß senkrecht unter dem Kreuz stehen – damit der ganze Mensch durch das Blut Christi gedeckt ist.« Dem entspricht ein zweiter Satz, den ich mir gemerkt habe: »Gott duldet es nicht, daß wir Geheimnisse mit der Sünde haben.« Und zwar nicht, weil er kleinlich wäre oder uns ärgern will, sondern aus einem positiven Grund: »Er will unser Leben groß anlegen.«

Johannes Hansen: Gott operiert nicht an unseren Drüsen

Durch eine Zeltevangelisation lernte ich Johannes Hansen kennen und schätzen. Er hat eine völlig andere Art als etwa Gerhard Bergmann, spricht viel ruhiger und dennoch nicht weniger eindrücklich und überzeugend. Auch er verfügt über die Gabe der bildhaften Rede. Manche seiner Sätze haben wir uns gemerkt:

»Gott will nicht, daß wir als verkrampfte Halbengel herumlaufen.« – Wir warten vergebens darauf, daß uns Flügel wachsen. Wer dennoch versucht, sich flatternd vom Boden zu erheben, gibt eine verkrampfte, lächerliche Figur ab. Schlimmer aber ist, daß er die Verwirklichung seines Christseins in einer völlig falschen Richtung sucht. Das machte Hansen an einem Bild deutlich:

»Gott operiert uns keine Drüsen heraus, wenn wir zum Glauben kommen. Er schenkt uns nicht einfach eine neue Seelenlage.« – Das heißt: wir bleiben Menschen, mit unseren Veranlagungen, Stärken, Schwächen und Gaben, und in diesen Menschen will Christus Gestalt gewinnen. Er verändert nicht mein Temperament und meinen Charakter, sondern meine Gesinnung. Seine alles beherrschende Gegenwart ist es, die den neuen Menschen vom alten Menschen unterscheidet.

Der schweigende Esel

Ein Evangelist kann in Situationen geraten, in denen ihm ein Quentchen Schlagfertigkeit und ein Schuß Humor mehr helfen können als eine wohldurchdachte theologische Begründung. In eine solche Klemme geriet der holländische Evangelist Dr. John Thiessen, als er, wie das heute oft praktiziert wird, zum Religionsunterricht in eine Untersekunda eingeladen war. Nun sind Untersekundaner durchaus in der Lage, gedankliche Messer zu schleifen, die sie einem Evangelisten gekonnt ins Kreuz zu drücken versuchen. So war man denn auch sehr schnell beim Esel Bileams angelangt, und einer der Untersekundaner fragte, ob der Evangelist sich denn wohl einen sprechenden Esel vorstellen könne. Antwort: »Für mich ist es ein noch viel größeres Wunder, wenn ein Esel schweigt.«

Anton Schulte

Dem Evangelisten Anton Schulte begegnete ich zum ersten Mal bei einer Freiveranstaltung auf dem Marktplatz in

Wuppertal-Elberfeld. Das war in den 50er Jahren, sein Missionswerk »Neues Leben« steckte damals noch in den Kinderschuhen.

Kurz darauf kam er zu einer Freilicht-Evangelisation nach Lüdenscheid, und dabei lernte ich ihn näher kennen. Im Vergleich zu heute waren das bescheidene Anfänge. Die Bänke, die auf dem Platz aufgestellt wurden, waren ebenso wie die Lautsprecheranlage gemietet. Der Sänger Franz Knies sorgte für den musikalischen Rahmen. Aber durch jene Evangelisation sind eine ganze Reihe von Menschen zum Glauben gekommen, die heute aktiv in der Gemeindearbeit stehen. Ein Mann aus meinem früheren Gemeindebezirk kam auf dem Heimweg von der Fabrik am Marktplatz vorbei – und blieb hängen. Später wurde er Christ, auch seine Frau kam zum Glauben. Heute, nach vielen Jahren, steht er treu in der Gemeindearbeit.

Seit damals ist die Verbindung mit Anton Schulte nicht mehr abgerissen. Ich wurde gebeten, dem Bruderrat des Missionswerkes »Neues Leben« beizutreten, dem ich seit 25 Jahren angehöre. Seitdem hat das Werk eine erstaunliche Entwicklung genommen. 80 hauptamtliche Mitarbeiter führen heute Großstadt- und Gebietsevangelisationen, Zeltmissionen, evangelistische Rundfunkarbeit, Kinderwochen und Freizeiten durch.

Wenn Anton Schulte über den Zöllner Zachäus spricht, sagt er oft: »Der Mann hatte ein Problem, das ich aus eigener Erfahrung gut kenne. Er war nämlich klein.« Und dann zeigt er den verblüfften Zuhörern, daß er hinter der Kanzel auf einem speziellen Podest steht, das ihn größer erscheinen läßt, als er in Wirklichkeit ist. »Ich war halt so selten zu Hause, wenn bei uns gewachsen wurde«, fügt er entschuldigend hinzu. Diese Bemerkung wird vielleicht mit Gelächter quittiert, aber dahinter verbirgt sich ein Mann, der dabei ist, sich so anzunehmen, wie Gott ihn gemacht hat; und für ihn bedeutet das, ein naturgegebenes Handicap zu überwinden.

Von Anton Schulte habe ich gelernt, daß ein Evangelist auf sein äußeres Erscheinungsbild zu achten hat. (Meine Frau ist ihm dafür dankbar, denn ich halte es eher mit

Schlatter.) Aber dahinter steckt eine tiefe Einsicht: Verknitterte Hosen und ein fleckiger Hemdkragen machen uns nicht frommer, als wir sind; sie bringen nicht zum Ausdruck, wie weit wir diese böse Welt bereits auf dem Weg der Heiligung hinter uns gelassen haben. Christus hat uns zu seinen Botschaftern bestimmt. Er will, daß wir die beste Sache der Welt auch in der ihr angemessenen äußeren Form vertreten.

In jene Zeit fiel auch meine Begegnung mit Jochen Lagemann, der, seiner Eigenart entsprechend, mit der »Deutschen Inland-Mission« ein eigenes Werk aufgebaut hat. Die DIM arbeitet ortsgebunden in Gebieten Deutschlands, in denen es nur wenige Christen und kaum lebendige Gemeinden gibt.

9. Kapitel

»Brennmaterial für die Hölle oder eine Erbschaft für den Himmel?«

Aus der Geschichte der Deutschen Zeltmission

Genau betrachtet hat die Deutsche Zeltmission ihren Anfang in England genommen. 1899 sah der junge Prediger Jakob Vetter auf dem Marktplatz einer englischen Industriestadt zum erstenmal ein Missionszelt und erlebte eine Zeltversammlung mit. Das veranlaßte ihn zu einem heimlichen Gelübde: »Wenn du mir soviel Geld schenkst, Herr, daß ich davon ein Zelt kaufen kann, dann will ich in Deutschland eine Zeltmission aufbauen.«

Vetter hat sein Geheimnis bewahrt. Er sammelte Geld für »Reichsgotteszwecke«, ohne die von ihm ins Auge gefaßte Verwendung zu verraten. Die erste Spende erhielt er von einer Hausgehilfin, aber bei der einen Gabe blieb es nicht.

Drei Jahre nach seiner Englandreise konnte Vetter bei der Firma Strohmayer in Konstanz das erste Zelt kaufen. Es wurde im April 1902 auf dem Tersteegensruh-Hügel bei Mülheim an der Ruhr aufgebaut; hier fand die erste Aussendungsfeier der Deutschen Zeltmission statt. Die Eröffnungsansprache hielt Pfarrer Otto Stockmayer, auch Oberstleutnant von Knobelsdorff war dabei.

So ist dieser uns heute vertraute volksmissionarische Arbeitszweig – wie vieles im Reich Gottes – nicht durch eine kirchenbehördliche Verfügung entstanden, sondern durch das geheime Versprechen eines jungen Mannes.

Jakob Vetter: schwacher Mann mit lauter Stimme

Vetter war von Jugend an ein gesundheitlich angeschlagener Mann. Er litt unter häufigem Lungenbluten. Ich habe ihn nicht mehr kennengelernt, aber ein schweizer Lehrer hat mir erzählt, daß er Vetter einmal an der Brücke in Spiez begegnet sei. Er habe sich auf das Brückengeländer gestützt und Blut erbrochen. Auf des Lehrers Frage, ob er ihm helfen könne, habe Vetter geantwortet: »Sagen Sie mir bitte, wo ich hier Christen finde.« Vetter besuchte immer gern die Christen, wenn er in einen Ort kam. An jenem Abend hat er dann, trotz des nachmittäglichen Schwächeanfalls, mit kräftiger Stimme die Ansprache im Zelt gehalten.

1905 konnte Vetter sein zweites Zelt einweihen. Es begann seinen Weg durch die deutschen Lande in einer kleinen Stadt auf dem Berg: in Lüdenscheid.

Vetter war auf seine Weise ein Original. Mit seinem leicht schweizerischen Akzent konnte er mit Stentor-Stimme in die vollbesetzte Zelthalle rufen: »Was willscht: Krieg oder Frieden? – Was bischt: Brennmaterial für die Hölle oder eine Erbschaft für den Himmel?«

Unter der straffgespannten Zeltplane ging es vor Beginn der Veranstaltung manchmal vielleicht ein wenig laut zu. Dann rief Vetter, wenn er das Zelt betrat, mit donnernder Stimme: »Der Herr ist in seinem heiligen Tempel. Es sei vor ihm stille alle Welt!«

Der »evangelistische« Papagei

Einmal besuchte Vetter eine Familie, die einen Papagei besaß. Und wie es sich in einer ordentlichen christlichen Familie gehört, war der Geist des Hauses auch am Papagei nicht spurlos vorübergegangen. Der gelehrige Vogel stellte gewissermaßen den verlängerten Arm missionarischer Tischgespräche dar.

Betrat ein Besucher den Raum, so fragte er mit schnarrender Stimme: »Bist du bekehrt?« Mußte der Gefragte zugeben, daß dem nicht so sei, erhielt er, wiederum schnarrend, den Rat: »Na, dann wird's aber Zeit!« Konnte der Besucher die Frage jedoch positiv beantworten, so zeigte auch der Papagei Befriedigung: »Dann ist ja alles gut.«

Das kleine Spiel wiederholte sich, als Vetter zu Besuch kam.

»Bist du bekehrt?«

»Ja.«

»Na, dann ist ja alles gut.«

»Nein«, entgegnete Vetter, »dann ist noch längst nicht alles gut. Aber dann wird alles gut.«

Es war noch längst nicht alles gut, und der Realist Vetter wußte das. Aber er wußte im Glauben auch, daß da, wo ein Mensch seine Hand vertrauensvoll in die guten Vaterhände Gottes gelegt hat, schlußendlich alles gut werden muß. In diesem Wissen hat er sich für die Zeltmission buchstäblich aufgeopfert.

Er zog mit seinen Zelten landauf, landab und rief die Menschen zu Jesus. Schon damals gab es junge Leute und politische Störtrupps, die es reizvoll fanden, so eine Zelthaut mit Steinen zu bewerfen oder mit scharfen Messern die Seitenbehänge aufzuschlitzen. Aber Gott hat diesen Mann immer wieder bewahrt und ihm viele treue Helfer gegeben. Vetter lebte zuletzt in Riehen bei Basel und starb mit 46 Jahren. Seine Frau ist über 90 Jahre alt geworden, seine Tochter Marie nimmt noch heute manchmal an den Aussendungsfeiern der Deutschen Zeltmission teil.

Die Männer der ersten Stunde: Vetter, Binde, Henrichs

Drei Männer sind es vor allem gewesen, die die Deutsche Zeltmission in ihren Anfängen geprägt haben. Neben Jakob Vetter gehört dazu Fritz Binde. Er war als junger Mann überzeugter Marxist. Christ wurde er aber weder durch eine Diskussion noch durch ein kluges Buch – sondern durch einen schlichten Neukirchner Kalenderzettel. Binde besaß die Gabe, vor allem die gebildeten Kreise anzusprechen.

Der Dritte war Ludwig Henrichs, ein Mann der Freikirche, der jahrelang das Amt des Predigers in der Freien evangelischen Gemeinde in Lüdenscheid bekleidete. Seinen Sohn Samuel Henrichs hinderte das nicht, später Superintendent in Düsseldorf zu werden. Sicher sind das Einzelheiten persönlicher Führung, aber irgendwie machen sie doch zeichenhaft deutlich, wie das geistliche Wirkungsfeld der

Deutschen Zeltmission abgesteckt ist. Sie war von Anfang an ein Allianzwerk und ist es bis heute geblieben. Nach dem Willen Jakob Vetters sollte sie nie einer bestimmten kirchlichen Organisation angegliedert werden, sondern als Glaubenswerk auf der Basis der Allianzbruderschaft unabhängig arbeiten.

So haben wir es bis heute gehalten. Die Deutsche Zeltmission lebt von den Gaben und Gebeten der glaubenden Gemeinde; 1980 setzte sie nicht weniger als fünf Missionszelte ein.

Die Leute, die seit Jahren das Ende der Zeltmission prophezeien, haben wohl in den falschen Topf gegriffen. 1982 mußten wir ein neues Großzelt mit 3000 Sitzplätzen anschaffen, weil sich das bisherige mit 2500 Plätzen als zu klein erwiesen hatte.

Gerhard Bergmann

Wie der Hund Flöhe, so besitzt ein Evangelist – meist in wachsender Zahl – Kritiker und Verehrerinnen. Weder die warnenden Stimmen der einen noch die dezenten Seufzer der anderen ändern etwas an der Tatsache, daß die Arbeit der Deutschen Zeltmission in den 70er Jahren maßgeblich von Gerhard Bergmann geprägt worden ist.

Ihn selbst focht beides vielleicht am wenigsten an. Er zählte sich zum »CdU«, was bei ihm keine politische Partei war, sondern »Club der Unbekümmerten« bedeutete. Vermutlich wird auch diese Bemerkung nicht allen gefallen, aber es ist nun einmal so: einem Gemeindechristen kann man manches, einem Pfarrer vieles, einem Evangelisten fast alles übelnehmen, was er sagt. Das liegt an seiner Frontstellung. Wenn ich immer hübsch im Wohnzimmer bleibe, wird der Regen mich nie durchnässen; aber ich werde auch niemals den Weg bis zum Bahnhof schaffen. Wer sich in der Kirche einmauert, wird vielleicht fromm sterben. Aber wenn man ihn danach fragt, wird er nur sein zerfleddertes Pfund vorweisen können und keinen Cent dazugewonnen haben.

Ich wollte gar nicht vom Risiko sprechen, sondern von der Unbekümmertheit. Aber die wird ohne den Hintergrund von Gefährdung und Risiko sinnlos. Unbekümmertheit kann man nicht lernen. Man hat sie, oder man hat sie nicht; sie ist Bestandteil unserer Veranlagung. Und damit bin ich wieder bei Gerhard Bergmann, der von sich sagte: »Ich habe dieses Naturell von meinem Vater geerbt. Der zog oft einfach keinen Mantel an – dem Wetter zum Trotz.«

Auch der Vater Bergmann war ein frommer Mann, er hatte seinen ganz bestimmten Platz in der Bibelstunde der Freien evangelischen Gemeinde. Aber er war halt, wie er war. In den Jahren der wirtschaftlichen Flaute geriet er mit seiner Selterswasser-Großhandlung in arge Bedrängnis. Es schien kein anderer Ausweg zu bleiben, als das Haus zu versteigern. In der Nacht, die diesem schmerzlichen Ereignis vorausging, konnte seine Frau kein Auge zutun. Vater Bergmann aber lag daneben und schnarchte wie zu Zeiten der Hochkonjunktur. Als seine Frau ihn am Morgen deswegen zur Rede stellte, hob Vater Bergmann ein wenig hilflos die Schultern. »Ja, wat solln wie maken?«, entschuldigte er sich. »Ich hab's doch dem Herrn gesagt.« Und der hat ihnen das Haus erhalten.

Äpfel und Söhne, sagt man, fallen nicht weit vom Stamm. Als junger Leutnant kam Gerhard Bergmann verwundet ins Lazarett. Nun trug man an der Krankenbekleidung keine Dienstgradabzeichen, und besonders aristokratisch hat der jugendliche Gerhard wohl nicht ausgesehen. Jedenfalls raunzte ihn ein Unteroffizier vom Wachpersonal an: »Name?«

»Bergmann.«

»Dann tragen Sie mal die Ascheneimer da weg!«

»Jawoll, Herr Unteroffizier!«

Bergmann schleppte besagte Eimer an den Ort, an den sie gehörten, kam zurück und meldete:

»Befehl ausgeführt!«

Ein anderer Unteroffizier des Wachpersonals kam dazu und stieß seinen Kameraden erschrocken in die Seite: »Mensch, bist du verrückt? Der ist doch Leutnant!« Der also

Informierte wurde blaß. Er wirkte plötzlich selbst verwundet und ärztlicher Behandlung bedürftig. Bergmann aber grinste nur und ging, vom weiteren Transport überfüllter Ascheneimer sorgfältig verschont, seiner Wege.

Später kam er zur Deutschen Zeltmission. Er war der Typ, dem es nichts ausmachte, vor über 2000 Leuten in einem überfüllten Zelt zu sprechen. Und jetzt kann ich endlich die Leute beruhigen, die meinen, es müsse mit dem Gerhard Bergmann irgendeinen Haken gehabt haben. Es hatte. Und zwar an der Krawatte. Er trug meist Fertigschlipse, die man am Kragenknopf einhängen muß, und das war bei einem temperamentvollen Redner wie Bergmann eine reichlich strapazierte Gegend. Einmal faßte er sich denn auch mit schwungvoller Geste an den Hals – und hielt prompt die Krawatte in der Hand. Einen Moment nur verschlug es ihm die Sprache. Dann riß er den Arm hoch und schwenkte den Schlips herausfordernd hin und her: »Na, ist das nichts für Viermarkfünfzig?« Gelächter ringsum. Gleich darauf war Bergmann wieder bei seinem evangelistischen Thema. Nur wer einmal auf einem solchen Podium gestanden und erlebt hat, wie einsam man unter Tausenden von Menschen sein kann, weiß, wie ein kleines Lachen im rechten Moment eine Brücke schaffen, einen menschlichen Kontakt herstellen und bewirken kann, daß sich 2000 Menschen, die sich nicht kennen, plötzlich nicht mehr ganz so fremd vorkommen.

Die Bergmanns hatten das Haus, das sie in Halver bewohnen, weise aufgeteilt. Gerhards verheiratete Schwester wohnt Parterre, er war im Dachgeschoß untergebracht: dem Himmel näher und von Besuchern durch eine treue Wächterin und fünfundzwanzig Treppenstufen getrennt.

Eines Tages klingelte eine ältere, inzwischen verstorbene Dame, die den Evangelisten gerne persönlich begrüßen wollte. Bergmanns Schwester dirigierte sie ins eigene Wohnzimmer und versuchte ihr klarzumachen, daß dies aus verschiedenen Gründen jetzt nicht gehe. Bergmann selbst, durch das Gespräch an der Haustür vorgewarnt, streifte die Schuhe ab und schlich auf Socken durchs Zimmer, um seine Anwesenheit nicht durch verdächtige Geräusche zu verraten.

Nach einiger Zeit waren Charme, Geduld und Widerstandskraft der Evangelistenschwester aufgebraucht. Die Besucherin wollte, bevor sie ging, wenigstens einen Blick in das Arbeitszimmer des Evangelisten werfen. Konnte man ihr diesen Wunsch versagen? Die Schwester des Evangelisten konnte nicht. Sie wurde beschämt, die Besucherin ob ihrer Beharrlichkeit belohnt: sie entdeckte den Evangelisten – auf Socken in seinem eigenen Arbeitszimmer.

Lassen wir's damit bewenden. Verheiratet war Gerhard Bergmann mit seinen Büchern und mit der Zeltmission, und so sollte es auch bis zu seinem für uns viel zu frühen Tod bleiben. Ich verlor in ihm einen Freund, dem ich für das Geschenk »verläßlicher Nähe« immer dankbar bleiben werde.

Gespräch am Rande des Gemeindetages 1978 in Stuttgart.
Von links: W. Scheffbuch, Grünzweig, Deitenbeck, Osei-Mensah,
Wilson, Kupsch, R. Scheffbuch. Foto: Lachmann, Düsseldorf

10. Kapitel

Wir glauben ja in Wahrheit nicht, Gott sei bei uns alleine

In der Deutschen Evangelischen Allianz

Man darf den eigenen Frömmigkeitsstil, den eigenen Katechismus, die geschichtlich gewachsenen Prägungen der eigenen Kirche oder des eigenen Gemeindeverbandes sehr lieb haben, aber wir sollten sie nicht für allein wahr und richtig halten. Denn wo wir dies tun, überschätzen wir die eigene Bedeutsamkeit, und das hat noch niemandem gut getan. Vor allem gehen wir dann an der Wirklichkeit der weltweiten Gemeinde Christi vorbei und bringen uns damit um den vielfältigen Reichtum ihrer Erkenntnis und Erfahrung. Ein verengtes Wirklichkeitsverständnis wird sich dann zwangsläufig auch in einer »engen« Frömmigkeit niederschlagen.

Keine christliche Kirche oder Gemeinschaft kann für sich beanspruchen, die »Mitte« der weltweiten Gemeinde zu sein. Diesen Platz hat sich der erhöhte Christus selbst vorbehalten. Solange er noch unsichtbar ist, wird er in der örtlichen Gemeinde dargestellt durch die verschiedenartigen Beiträge seiner unterschiedlich geprägten Jünger, in der weltweiten Christenheit durch die unterschiedlich geprägten Kirchen und Gemeinschaften in allen Völkern. Aus diesen Mosaiksteinen entsteht das heute erkennbare Bild des Christus und seiner Gemeinde. Es ist noch nicht vollkommen und manchmal vielleicht ein wenig verzerrt, aber es ist dennoch sein Bild. Wer die Diamanten der eigenen Erkenntnis – sie mögen noch so kostbar sein – für das Ganze hält, betrügt sich selbst.

Das Schlüsselwort für meine Begegnung mit Christen aus den verschiedensten Kreisen, ja für Allianzarbeit überhaupt, fand ich im 1. Johannesbrief: »Wer da glaubt, daß Jesus sei der Christus, der ist von Gott geboren, und wer da liebt den, der ihn geboren hat, der liebt auch den, der von ihm geboren ist« (Kap. 5,1).

Hier wird für mich der innerste Zirkel heiliger Gemeinschaft sichtbar: Bindung an Christus verbindet mich zugleich mit dem Bruder. So verbindet mich mit dem früheren Vorsitzenden der Evangelischen Allianz, Dr. Wilhelm Gilbert, dem ich viele geistliche Anstöße verdanke, seit vielen Jahren eine gesegnete Freundschaft. Jüngerschaft und Bruderschaft werden auf der Basis des Evangeliums zur Einheit. Damit ist zugleich, und zwar positiv, festgelegt, wer zur weltweiten Gemeinde gehört: Jünger, Brüder – nicht Kirchen oder Organisationen.

In unserem Land hat Allianzarbeit bestimmte Ausprägungen gefunden: Allianzgebetswoche – Allianzkonferenzen – Allianzmission – Evangeliumsrundfunk. Diese Aktivitäten werden vom Hauptvorstand der Deutschen Evangelischen Allianz verantwortet oder beratend begleitet. Er bemüht sich, gemeinsame Interessen der Christen aus den verschiedenen Kreisen wahrzunehmen, geistliche Entwicklungen zu beobachten und tritt bei Veranlassung als Sprecher der Bruderschaft an die Öffentlichkeit.

Manchmal erscheint uns das heute nicht effektiv genug. In einer Zeit, in der Organisation groß geschrieben wird, ist das verständlich, und es läßt sich gar nicht leugnen, daß ein Bruderbund auch Schwächen hat. Falsch wäre nur die Annahme, eine straffere Organisation hätte keine; sie hat lediglich andere.

Allianz ist letztlich nur auf der Basis der Bruderschaft denkbar. Wenn sie mehr sein will, etwa selbst zur verfaßten Kirche würde, dürfte sie das mit dem Preis geistlicher Verarmung bezahlen müssen; denn nur die Basis der Bruderschaft gewährleistet die Öffnung für Jünger aus allen christlichen Gruppen, die zur Erkenntnis der »Länge, Breite und Höhe« der Liebe Gottes beitragen können. Daß es daneben, ohne dieses Grundprinzip zu verletzen, Möglichkeiten gibt, evangelistische, publizistische und andere Aktivitäten zu fördern, dafür lassen sich aus den letzten Jahren manche Beispiele anführen.

Zum Wesen der Allianz gehört die Begegnung von Christen aus verschiedenen Kirchen und Gemeinschaften, wie sie in der jährlichen Allianzkonferenz in Siegen ihren stärksten Ausdruck findet. Da wird eben jener Reichtum unterschiedlicher Christuserkenntnis ausgetauscht, und jeder kehrt als Beschenkter nach Hause zurück. Man erkennt, daß Gott ein großes Volk in diesem Land hat und daß der eigene Kirchturm nicht die Mitte der Welt darstellt.

Allerdings gibt es bei Allianzkonferenzen auch Zwischenfälle von weniger erbaulichem Charakter. Einmal hatte ich in der überfüllten Siegerlandhalle die Nachmittagsveranstaltung zu leiten. In der ersten Reihe saßen der Oberbürgermeister, der Oberkirchenrat und andere prominente Persönlichkeiten. Und während ich die Versammlungsteilnehmer begrüßte und den Chor um das Eingangslied bat, trat plötzlich ein Mann zu mir auf's Podium. Ich dachte zunächst, er hätte seinen Schirm verloren und wollte mich um eine Durchsage bitten, aber dann stellte sich heraus, daß es ein Schwärmer war.

»Ich habe eine Botschaft«, versicherte er mir. Daraufhin erklärte ich ihm, daß hier nichts »gebotschaftet« würde. Aber er blieb einfach neben mir stehen, und ich kann nicht behaupten, daß dies zu meinem Wohlbefinden beitrug; man ist mit der Leitung einer großen Veranstaltung voll beansprucht und hat an zusätzlichen Problemen keinerlei Bedarf.

Hilfesuchend wandte ich mich an die Brüder hinter mir, doch unsere erste gemeinsame Reaktion bestand lediglich darin, daß wir alle miteinander rote Köpfe bekamen. Schließlich konnten wir uns vor den vielen Leuten mit diesem Mann ja nicht gut in ein Handgemenge einlassen. Endlich kam ich auf den Gedanken, die Gemeinde noch ein Lied singen zu lassen. Dabei war mir keineswegs fröhlich zumute, ich bat Gott, uns aus dieser bedrängenden Situation herauszuhelfen. Und dann entdeckte ich in einer der hinteren Reihen den Vorsitzenden des Christlichen Sängerbundes.

Schnell trat ich ans Mikrophon und kündigte an: »Ich bitte den Vorsitzenden des Christlichen Sängerbundes, uns nach dem vierten Vers ein Grußwort zu sagen.« Ich wollte verhindern, daß jener Mann mit seiner Botschaft doch noch ans Mikrophon herankam.

Nach dem Grußwort sangen wir zwei weitere Strophen, und möglicherweise stünden wir heute noch da, wenn sich Pastor Fehlauer von der Freien evangelischen Gemeinde in Siegen nicht ein Herz gefaßt hätte. Er kam auf's Podium herauf, faßte den Mann freundlich am Arm und erlöste mich endlich von ihm.

Solche Dinge kamen öfter vor. Auch auf der Tersteegen-Konferenz hatten wir's einmal mit einem solchen Propheten zu tun, der unbedingt ans Mikrophon wollte. Damals erfaßte Wilhelm Busch als erster die Situation: »Hier wird nichts prophezeit, hier wird jetzt gesungen!« erklärte er und stimmte auch gleich selbst ein Lied an. Damit gab er seinen Mitarbeitern Zeit, den Mann freundlich nach draußen zu führen.

So gibt es bei den meisten großen Konferenzen Situationen, in denen man auf die freundliche Hilfe Gottes angewiesen ist, von denen die Konferenzteilnehmer meist jedoch wenig oder gar nichts merken.

Großevangelisation mit Billy Graham

Zu den Großveranstaltungen dieser Art gehörten natürlich auch die Evangelisationen mit Billy Graham. In Berlin wollte der amerikanische Evangelist 1960 neben den Veranstaltungen im Großzelt eine Freiversammlung an einem historischen Platz durchführen. Daraufhin ließen wir vor dem ehemaligen Reichstagsgebäude ein hohes Gerüst mit einer Tribüne aufbauen, und es kamen dann wirklich etwa 90000 Menschen.

Ich hatte diese Veranstaltung zu leiten, wobei das Gerüst für zusätzliche Schwierigkeiten sorgte. Zwar waren wir da oben dem Himmel näher, aber man hatte kaum Zeit, einen Blick hinauf zu riskieren. Hinter mir saß die politische und kirchliche »Prominenz«, vor mir stand die riesige Menschenmenge; um den eigenen menschlichen Halt aber war es nicht allzu gut bestellt: Ich bewegte mich auf einer leicht vibrierenden Bohle, darunter kamen vier Meter Frischluft und erst dann der sichere Erdboden. Aber die Tatsache, daß da oben gestandene Pietisten schwankten, störte die Veranstaltung nicht. Wir sangen die alten Erweckungslieder, und Billy Graham sprach, von Peter Schneider übersetzt, mit überzeugender Vollmacht.

In dieser Zeit stand die Berliner Mauer noch nicht, und es gab eine Art kleinen Grenzverkehr zwischen den östlichen und den westlichen Stadtteilen. Viele Ostberliner konnten an den Veranstaltungen teilnehmen, sie erhielten nach der Versammlung jeweils eine kleine Erfrischung. Gelegentlich forderte ich während des Vorprogramms Besucher von außerhalb oder aus bestimmten Stadtteilen auf, sich durch Winken mit dem Taschentuch zu erkennen zu geben. Eine Ostberliner Zeitung schrieb daraufhin: »Ein jovialer Dikker« (ich stand damals ziemlich gut im Futter) habe während der Zeltveranstaltung in unverantwortlicher Weise eine Grippeepidemie provoziert, indem er die Teilnehmer aufgefordert habe, die in ihren Taschentüchern enthaltenen Bazillen vor der versammelten Menschenmenge auszuschütteln.

Das Vorprogramm

Damals begannen für uns die Freuden und Leiden des Vorprogramms; denn wir mußten die Zeit überbrücken, die so viele Menschen benötigten, um sich auf einem großen Platz zu sammeln oder die Sitze in einem Großzelt einzunehmen. Gerhard Bergmann und ich leiteten abwechselnd die Veranstaltungen. Nun besaßen wir in diesen Dingen natürlich mehr guten Willen als Erfahrung.

Einerseits mußten wir darauf Rücksicht nehmen, daß die Menschen noch nicht zur Ruhe gekommen waren, zum anderen darf ein Vorprogramm Spannung und Konzentration nicht vorwegnehmen, die dem evangelistischen Vortrag vorbehalten bleiben sollen. Also versuchten wir, die Menge auf das bevorstehende Ereignis einzustimmen: durch Gesangs- und Posaunenchöre, durch gemeinsames Singen, durch teils heitere, teils besinnliche oder informative Gesprächsbeiträge. Die Mischung, die daraus entstand, empfanden durchaus nicht alle als bekömmlich: Die einen fanden es ganz in Ordnung, wenn wir den Auftakt gelockert-humorvoll gestalteten; andere äußerten kritisch, daß dies doch entschieden zu weit gehe.

Das wird vermutlich so bleiben, solange es evangelistische Veranstaltungen mit den dazugehörigen Vorprogrammen gibt. Die Männer und Frauen, denen die Gestaltung übertragen ist, werden sich sowohl an der Kritik wie am Beifall orientieren müssen, um immer neu den jeweils richtigen Weg zu suchen. So einfach allerdings ist dieser gar nicht zu ermitteln; eine Freiveranstaltung oder eine Versammlung im Großzelt ist nun einmal etwas ganz anderes als ein Konfirmationsgottesdienst oder ein Kirchenkonzert. Es geht darum, daß dem Evangelium fernstehende Menschen sich in einer für sie ungewohnten Umgebung wohl fühlen; es hat sich oft erwiesen, daß sich vor allem Musik und Gesang dazu eignen, die Menschen auf die folgende evangelistische Verkündigung vorzubereiten.

Paul Schmidt, der Unermüdliche

Durch viele Jahre hindurch hatten wir bei Konferenzen, Großveranstaltungen und Hauptvorstandssitzungen mit einem weiteren Problem fertigzuwerden: mit der schier unermüdlichen Arbeits- und Sitzungsbereitschaft des von uns allen herzlich geliebten und verehrten ersten Vorsitzenden Paul Schmidt. Keine Nachtstunde war ihm zu spät, um Arbeitsgespräche anzusetzen und wichtige Probleme mit uns zu erörtern. Bis ins hohe Alter behielt er diese unglaubliche Aktivität. Schlaf, zumal wenn er sich über mehrere Stunden erstreckte, schien für ihn ein Fremdwort, eine unnütze Zeitverschwendung. Zum Ausruhen, meinte er ungerührt, bliebe uns im Sarg noch Zeit genug.

Hielten uns die Arbeitsbesprechungen mit unserem verehrten Vorsitzenden bis weit über Mitternacht wach, so zwangen uns morgens Pressekonferenzen, Mitarbeitersitzungen und ähnliche Verpflichtungen aus den Federn. Zu unserer Schande sei es gestanden: Wir Jüngeren brachten die Kondition unseres Vorarbeiters nicht auf. Müdigkeit und Erschöpfung, nicht zu leugnende Kennzeichen erfinderisch machender Not, ließen uns dann im Fahrstuhl des Hotels prompt den falschen Knopf erwischen, so daß wir vom Speisesaal aus nicht in das höher gelegene Sitzungszimmer, sondern zum rettenden Ausgang gelangten. Glücklich entflohen, drehten wir schnell drei Runden durch den Hotelpark, schnupperten wie Ziegen am frischen Grün der Sträucher und nahmen, reumütig zurückgekehrt, die vorwurfsvollen Blicke unseres Vorsitzers demütig in Kauf.

In Israel

Aber es hieße ein falsches Bild zeichnen, wollte man nur von den Strapazen der Arbeit im Hauptvorstand und nicht von ihren Freuden sprechen. Emanuel Götze, der unermüdlich »Bäumchen für Israel« sammelte und dessen Initiative das waldarme Israel sicher so manchen neuen Olivenhain verdankt, hat einmal für den gesamten Hauptvorstand eine eigene Israel-Fahrt organisiert; er tat das so liebevoll, daß wir schon meinten, er hätte uns mit Olivenbäumchen verwechselt.

Es war immer mein stiller Wunsch, einmal das Heilige Land zu besuchen, nun wurde er unter der sachkundigen Führung und organisatorischen Leitung von Emanuel Götze Wirklichkeit. Knapp zwei Wochen reisten wir durch das Land und sammelten unvergeßliche Eindrücke. Sicher, manches war ganz anders, als wir es uns vorgestellt hatten. Aber dann saßen wir am Jakobsbrunnen und dachten daran, daß Jesus vermutlich daraus getrunken hatte. Unter Leitung von Kurt Heimbucher feierten wir beim sog. Gartengrab das Abendmahl. Wir badeten im See Genezareth und wußten: über das Wasser dieses Sees ist Jesus gegangen und oft mit den Jüngern im Boot darüber gefahren; Petrus aber war darin versunken, bis die Hand des Meisters ihn wieder herausgehoben hatte.

An einem Freitagabend erlebten wir den Beginn des Sabbat mit. Schlagartig veränderte sich die Haltung der im Hotel anwesenden Israelis; sie erhoben sich, bedeckten in Ermangelung von Hüten den Kopf mit Servietten und begannen zu singen und zu tanzen. Zeichenhaft schimmerte da mitten im modernen, liberalen Israel das alte Gottesvolk durch und erinnerte uns daran, daß eines Tages das alte und das neue Israel identisch sein werden. Wenn das alttestamentliche Bundesvolk, das sich Gott als erstes zum Partner auserwählt hatte, in Jesus den Messias erkennt, wird es zwischen den alten Israeliten von damals und den modernen Israelis keinen grundsätzlichen Unterschied mehr geben.

Allianz-Gebetswoche

Im Lauf der Jahre habe ich während der Allianz-Gebetswoche hin und her im Land an vielen Zusammenkünften teilgenommen. Natürlich gibt es da manches zu kritisieren und zu bemängeln, und wir werden nie aus der Sorge entlassen werden, daß diese Einrichtung zu einer formellen Tradition erstarren könnte. Aber ist die Gefahr, daß man 1985 nur deshalb an der Gebetswoche teilnehmen könnte, weil man auch 1984 dort gewesen ist, wirklich so groß? Man kann ein Gemeindeblatt nur deshalb Woche für Woche ins Haus geschickt bekommen, weil man vergessen hat, es abzubestellen – aber läßt sich dieses Bild auf die Allianz-Gebetswoche übertragen? Da kommt doch nichts auf mich zu, weil ich vergessen habe – aus Gewöhnung, Vergeßlichkeit oder warum auch immer – mich davon zu distanzieren, sondern hier muß ich den Kontakt selbst herstellen, indem ich Abend für Abend hingehe. In einer Zeit der tausend Hindernisse, in der jeder gute Gründe für sein Fernbleiben angeben könnte, bedeutet das immer neue Entscheidung und Überwindung.

Es ist wichtig, Gefahren im Auge zu behalten, aber man darf dabei den Blick auf die Sache selbst nicht verlieren. Und hier geht es doch um nicht weniger, als daß die glaubende Gemeinde einer Stadt, eines ganzen Landes eine Woche lang Abend für Abend zum gemeinsamen Beten zusammenkommt: um Gott zu loben, um sich unter die eigenen Fehler zu demütigen, um für die Gemeinde in der Welt, und für die Welt, in der die Gemeinde lebt, zu bitten.

Durch diese Woche werden wir keine besseren Christen werden. Aber sie kann uns um die Erfahrung reicher machen, daß wir am Handeln Gottes in unseren Tagen beteiligt sind, auch wenn wir meistens keine spektakulären Erhörungen erleben. Gott weiß, warum er den Schleier des Geheimnisses darüber gebreitet hat, wann und wo unsere Gebete wirksam werden; er hat uns nur versprochen, daß keins davon verloren geht.

Vertrauen, Geheimnis und Nüchternheit gehören beim Beten zusammen: in der eigenen Kammer und erst recht in der Öffentlichkeit. Auch als Beter können wir nach Veranlagung und Herkunft unterschiedlich geprägt sein, und darauf hat auch eine betende Gemeinde Rücksicht zu nehmen. Es gibt Menschen, die nur den Auftrag der stillen Fürbitte erhalten haben; sie erfüllen ihre Aufgabe durch das Gespräch mit Gott in den eigenen vier Wänden. Ich weise bei Allianz-Gebetsstunden immer wieder darauf hin, daß diese Christen sich nicht dazu verleiten lassen sollen, nun öffentlich zu beten. Wer aber laut betet, für den gilt, daß er in Anwesenheit der Gemeinde mit Gott redet und nicht seinen Mitbetern Vorträge hält.

Auch hier kann uns Nüchternheit nur gut tun. Ich erinnere mich daran, wie Oberkirchenrat Rudolf Schmidt einmal im Anschluß an eine Gebetsstunde sagte: »Brüder, wenn ich unsere Gebete auf Tonband aufgenommen hätte und sie euch jetzt vorspielen würde, ihr würdet alle davonlaufen!« Was er meinte, war schlicht dies: Ihr würdet eure eigenen Gebete nicht ertragen können – eure schwülstigen Formulierungen, eure gespreizten Ausdrücke und diejenigen Passagen in euren Gebeten, die gar nicht für Gott, sondern für die Gemeinde bestimmt waren.

Dabei geht einem erst auf, welche Geduld Gott während einer solchen Gebetswoche mit uns allen haben muß, und was er da so alles zu hören bekommt. Aber es gilt eben auch das andere: daß Gott diese Geduld aufbringt und daß er uns über alle verschnörkelten und alle unbeholfenen Formulierungsversuche hinweg versteht.

Rudolf Schmidt hat die Tatsache, daß er selbst ein treuer Allianzmann ist, nie daran gehindert, die Allianz realistisch zu sehen.

»Weißt du, Paul«, sagte er einmal zu mir, »es gibt auch fiese Brüder und Schwestern. Sie sind beides, merk dir das: Brüder und Schwestern in Christus – und können trotzdem fies in ihrem Verhalten sein.«

Jeder von uns macht da seine eigenen Erfahrungen. Sie erinnern uns daran, daß Gemeinde Jesu heute noch Gemeinde unterwegs ist. Aber wenn wir davon sprechen, daß das Evangelium von Jesus Christus ein Evangelium der Tatsachen ist, dann bedeutet dies, daß es auch dieser Tatsache Rechnung trägt.

Rudolf Schmidt: Hilfe zur Nüchternheit

Rudolf Schmidt hat mich schon bald nach meiner Rückkehr aus der Kriegsgefangenschaft, er war damals noch Pfarrer in Meinerzhagen, ein wenig unter seine Fittiche genommen. Wir trafen uns im kirchlichen Dienst und in der Allianzarbeit, und ich habe von ihm zwei Dinge gelernt, die mir auch für die letztere wichtig erscheinen.

Er hat mir, und das dürfte bei mir nicht immer einfach gewesen sein, gezeigt, daß es gilt, kirchliche und geistliche Bewegungen mit dem Realismus zu betrachten, der dem Neuen Testament eigen ist. Seine geistliche Nüchternheit hat mir geholfen, die Wirklichkeit meines Dienstes nicht enthusiatisch zu überschätzen.

Das andere gilt sicher nicht nur, aber auch für Allianzarbeit: Rudolf Schmidt übernahm freiwillig eine Aufgabe, die in einer Fußballmannschaft dem »Libero« zukommt: er sprang ein, wenn Not am Mann war, setzte sich für seine Freunde ein und ging für sie notfalls auch schwere Wege, wo andere sich vornehm zurückzogen. In vielen Aufgabenbereichen hat er der Kirche seine Fähigkeiten zur Verfügung gestellt.

Gotthold Lesser: Vorsicht, bissiger Hund!

Von den vielen Persönlichkeiten, die ich während meiner Zeit im Hauptvorstand kennengelernt habe, und die heiligen Ernst, menschliche Originalität und Fröhlichkeit sehr wohl miteinander zu vereinbaren wußten, kann ich nur einige wenige erwähnen.

Der Wuppertaler Pfarrer Gotthold Lesser hat mich vor allem durch sein weites, brüderliches Herz beeindruckt. Er wußte sich mit allen Leuten Gottes als seinen Brüdern und Schwestern verbunden, ganz gleich, welcher Benennung sie angehörten.

Lesser war Blaukreuzler wie ich, und wenn wir uns begegneten, brachte er mir hin und wieder eine kleine Schachtel Zigarillos mit. »Weißt du, Paul«, erklärte er dazu augenzwinkernd, »jeder Abstinenzler hat einen Vogel. Wer weder raucht noch trinkt, der hat zwei Vögel, deshalb nimm dir mal getrost ein Zigarillo.«

Aber bei diesem Liebesbeweis endete die Bruderschaft von Gotthold Lesser nicht. Anläßlich einer Tagung des Hauptvorstandes waren wir in einem christlichen Heim untergebracht. Am Abend hatte es eine erregte Diskussion gegeben, und anschließend plagten mich heftige Magenkrämpfe. Ich schleppte mich bis zu Gotthold Lessers Zimmer, klopfte an und fragte ihn, ob er wohl so freundlich sein würde, mir warmes Wasser aus der Küche zu besorgen, damit ich mir Aufschläge machen könne.

Obwohl es mitten in der Nacht war, stand Lesser sofort auf, warf seinen Morgenmantel über und machte sich auf die Suche nach Hilfe. Das Klingeln an der Wohnungstür des Heimleiters erwies sich als nutzlos; die guten Leute waren offensichtlich übermüdet, lagen im ersten Schlaf und hörten ihn nicht. Daraufhin stieg Lesser eine weitere Treppe hinunter und drang bis in die Küche vor. An sich ist das keine Leistung, die einen Sonderapplaus verdient, aber Lesser hatte Angst vor Hunden, und der Heimleiter hielt im Erdgeschoß einen großen scharfen Wachhund. »Ich habe einfach darum gebetet, daß ich dem Hund nicht begegnen möchte«, gestand mir Lesser später. (Er hätte es auch einfacher haben und die Hilfsaktion mit dem Hinweis auf den schlafenden Heimleiter abbrechen können.)

Lesser betrat das vom Hund besetzte Erdgeschoß, ohne daß dieser Notiz von ihm nahm. Der nächtliche Samariter suchte und fand den Gasofen, zündete ihn an und setzte Wasser auf. Dabei hörte er dann, was er die ganze Zeit über befürchtet hatte: in den Räumen auf der anderen Seite des Flurs machte sich der Hund bemerkbar. Lesser schlich hinaus und warf, von der Angst in Kombinationsgabe und Entschlußkraft beflügelt, blitzschnell die Tür zu, die dem Hund den Zutritt zum Gang verwehrte. Dann brachte er mir das so erkämpfte Wasser nach oben, und während die Schmerzen allmählich zurückgingen, dachte ich dankbar, daß die Liebe uns oft die größten Wohltaten zufügt, wo sie das Risiko im Kleinen nicht scheut.

Friedrich Heitmüller: »Kurz, aber erbaulich«

Eine der prägenden Gestalten des Hauptvorstandes war zu seiner Zeit zweifellos Friedrich Heitmüller, Prediger der Freien evangelischen Gemeinde in Hamburg. Schon von seiner Statur her war er ein überragender Mann, von geistlicher Originalität und ob seiner Diskussionsbeiträge geschätzt. Wenn er aufstand, um seinen Worten mehr Geltung zu verschaffen, schob er die Hand in die untere Westentasche, und jeder wußte, was das zu bedeuten hatte: Es würde nicht leicht sein, diese Hand und die Argumente, die sie eben mit eindeutiger Geste unterstrichen hatte, zu verrücken.

Wenn es sein mußte, konnte Heitmüller in seiner Kritik

sehr deutlich werden und damit zur schnelleren Klärung der Situation verdienstvoll beitragen. Allerdings war die Ehre, die man ihm allseitig erwies, deshalb nicht immer ganz frei von Furcht. Seiner vielen Verpflichtungen wegen konnte er manchmal an den Sitzungen des Hauptvorstandes nicht teilnehmen. Einem der Brüder fiel dann die Aufgabe zu, bekanntzugeben: »Bruder Heitmüller kann diesmal leider nicht kommen«, und nicht selten merkte man der Stimme des Sprechers an, daß Bedauern und Erleichterung in ihm einen Kampf mit noch ungewissem Ausgang austrugen.

Heitmüller, an Hamburger Klima gewöhnt und in seiner äußeren Erscheinung einem Senator nicht unähnlich, forderte auch im Hauptvorstand: »Brüder, sprecht kurz, aber erbaulich.« Ich kann nicht sagen, ob es diese von ihm geschätzten Eigenschaften waren, die zu einer der folgenschwersten Bekehrungen während seines Dienstes beitrugen. Durch eine seiner Evangelisationen kam ein Mann zum Glauben und schenkte Heitmüller zum Dank später eine Million RM. Dieser hat davon ein Krankenhaus gebaut und mit dem stolzen Startkapital das Diakoniewerk »Elim« in Hamburg begonnen. Gott zieht im Leben und im Dienst seiner Leute nun einmal geheimnisvolle Fäden.

Karl Merz, der Stille

Vielleicht war er das Gegenstück zu Friedrich Heitmüller im Hauptvorstand – und gerade deshalb verdient er Erwähnung; der Methodistenprediger Karl Merz aus München. An den Diskussionen während der Sitzungen beteiligte er sich nur selten, aber man hatte das Gefühl, daß er alle Beratungen stets betend begleitete. Uns anderen, die wir uns leicht im Gespräch erhitzten, hat er gerade durch sein Schweigen manche eindrückliche Lehre erteilt.

In der Pause nahm er mich manchmal beiseite. »Bleib fest, Paul«, ermahnte er mich dann, wenn es um entscheidende Dinge wie etwa die Bibelfrage ging.

Ebenfalls Methodistenprediger und daneben viele Jahre hindurch Schriftleiter des Allianzblattes war Wilhelm Schneck aus Bremen. Er hatte einen besonderen Blick für die Schönheit: beim Gottesdienst, in der Schöpfung und in der Kunst.

1954 flog ich gemeinsam mit Walther Zilz und ihm nach London, um die Evangelisation Billy Grahams in der Harringay Arena zu besuchen. Damals bekamen wir die ersten Eindrücke von diesem Mann. Drei Monate lang war die 12000 Menschen fassende Halle Abend für Abend voll besetzt. Wenn wir nach der Veranstaltung mit der U-Bahn nach Hause fuhren, sangen die Menschen in den verqualmten Abteilen: »This is my story, this is my song.«

Tagsüber aber schleppte mich Wilhelm Schneck durch Museen und Kunstgalerien, er führte mich auf den oberen Rundgang der St. Pauls-Kathedrale, auf dem man sich noch über eine Entfernung von 40 Metern im Flüsterton verständigen kann. Als ich von London zurückkam, wußte ich, wer Billy Graham war, ich hatte vieles über Evangelisation dazugelernt und – dank Wilhelm Schneck – ein neues Kunstverständnis bekommen.

Wilhelm Schneck war es auch, der mir von einer methodistischen Konferenz in England erzählte, an der neben Pastoren und Laien auch mehrere Bischöfe teilnahmen. Man war in einem Freizeitheim untergebracht, und an den einzelnen Zimmertüren wiesen kleine Schilder auf Namen und Dienstgrad ihrer Insassen hin. So hieß es denn zum Beispiel: Mr. Müller, Bishop. Die geschlossenen Fenster des Freizeitheims aber hatten die Spaßvögel nicht fernhalten können; an der Tür des nächsten Zimmers nämlich, das einen Laien beherbergte, stand zu lesen: Mr. Fuller, Non-Bishop. Dem Schriftleiter des Allianzblattes konnte so etwas natürlich nicht entgehen.

Zu meiner Frau sagte Schneck einmal: »Wenn ich am Thron Gottes ankomme, will ich ihm als erstes dafür danken, daß er mir meine Frau gegeben hat.« Sie hieß Hildegard, und die beiden haben sich sehr gut verstanden.

Über viele Jahre gehörte Wilhelm Kerstan, Pastor einer Evangelisch Freikirchlichen Gemeinde, dem Hauptvorstand an. Nun herrschte auf unseren Sitzungen keineswegs immer eitle Harmonie; oft haben wir hart miteinander um die Wege und Entscheidungen der Evangelischen Allianz gerungen. Wilhelm Kerstan konnte dabei lange still zuhören. Wenn er dann den Mund aufmachte, hatte man den Eindruck, daß er das, was er uns zu sagen hatte, vorher mit Gott besprochen hatte. Gerade auch mir gegenüber, dem manchmal zu impulsiven jüngeren Landeskirchler, stellte er seine großherzige priesterliche Gesinnung unter Beweis. Er hat mir öfter erzählt, daß er für jeden Tag eine bestimmte Reihe von Brüdern auf seinem Fürbittezettel stehen habe; ich sei immer montags dran.

Daneben hatte sich Wilhelm Kerstan eine originelle Art der »Buchführung« zu eigen gemacht. Über viele Jahre wertete er im Auftrag des Hauptvorstandes die aus allen Teilen des Landes eingehenden Berichte über die Allianz-Gebetswoche aus. Sein schriftlicher Bericht stellte jedesmal eine ausgezeichnete Zusammenfassung der Ergebnisse dar. Die Kerstan'sche Eigenheit bestand darin, daß der Bericht jedesmal auch auf die Minute auswies, wieviel Zeit sein Verfasser darauf verwendet hatte. Als ich einmal mit ihm von einer Vorstandssitzung in Berlin zurückflog, beobachtete ich, wie er bei Start und Landung etwas in sein Notizbuch eintrug. Auf meine Frage erklärte er mir, daß er sich angewöhnt habe, Sitzungen, Reisen und Flüge zeitlich genau festzuhalten. Ich hatte den Eindruck, daß diese äußere Ordnung einem tiefen inneren Geordnetsein entsprach.

Die Junggesellen

Solange ich dazugehöre, besteht der Allianzhauptvorstand aus verheirateten Männern und solchen, die sich diesem Stand, aus was für Gründen immer, nicht anvertrauten. Zu den Junggesellen gehörte Superintendent Georg Traar, der

Leiter der Evangelischen Allianz in Österreich, später Präsident der Europäischen Evangelischen Allianz. Er, der innerhalb der österreichischen Kirche viele verantwortliche Aufgaben innehatte, konnte mit seinem sprudelnden Humor eine ganze Gesellschaft unterhalten. Nach schweren Diensten verdanken wir ihm manche kurzweilige, erholsame Abendstunde.

Zu seinen Redensarten gehören Wendungen, die ich nicht ohne Zögern wiedergebe, weil ich das Wiener Flair und den österreichischen Dialekt des Erzählers weder nachahmen noch übertragen kann, womit, wie ich gerne zugebe, das Entscheidende fehlt. Die blasse schriftdeutsche Übersetzung lautet etwa: »So Sechs wie wir Fünf gibts keine Vier anderen«, oder: »Wir drei sind die zwei einzigen«. Mit österreichischem Charme, der ihn auch da liebenswert machte, wo er den Helden der Anekdote ungerührt die Zuschauer aufspießen ließ, konnte er unermüdlich Episoden aus dem Leben anderer Leute erzählen.

Anläßlich einer Allianzkonferenz in Nürnberg fand an einem Abend ein Empfang mit kaltem Buffet statt. Daran standen – gewöhnt, sich an fremdem Herd zu ernähren – drei Junggesellen einträchtig beieinander: Georg Traar, Gerhard Bergmann und Kurt Heimbucher. Das gab mir Gelegenheit, auf die Junggesellen im Hauptvorstand eine kleine humorige Rede zu halten, der ich ein Zitat von Georg Traar zugrunde legte: »Ein Junggeselle ist ein Mann, dem zum Glück eine Frau fehlt.« Georg Traar pflegte die Interpretation dieses Satzes den Zuhörern zu überlassen. Es gibt keinen Grund, warum ich mich diesem weisen Vorbild nicht anschließen sollte.

11. Kapitel

»Ein Prediger muß immer Heu machen«

Predigtvorbereitung. Eigene Predigterfahrungen.
Rundfunkarbeit.

Der Glaube kommt aus der Predigt, die Predigt aus dem
Wort Gottes. Vom Heiligen Geist veranlaßt und geleitet haben die biblischen Autoren ihre schriftlichen Berichte abge-
faßt. Unter der entscheidenden Einflußnahme desselben
Geistes soll auch die gesprochene Predigt stehen.

Der Ort, an dem die ewig gültige Wahrheit in die kleine,
für heute gültige Münze der Predigt umgegossen wird, ist
ein Mensch: der Prediger. Hat Gott sich schon in das biblische Wort hinein erniedrigt, so demütigt er sich noch weiter, indem er den Prediger zu seinem Sprecher macht. Er ist
ein wunderbarer Gott. Er kann sich das leisten, ohne um
sich selbst, um die Darstellung Gottes in Menschenmund
Angst haben zu müssen. Das tröstet uns, die wir trotz aller
Bemühung oft nicht sicher sein können, ob wir ihn recht
verstanden haben. Die gleiche Souveränität – vielleicht
müssen wir uns das neu bewußt machen – behält Gott auch
gegenüber den Propheten, die laufen, ohne daß sie gesandt
sind. Gottes gerechtes Urteil wird sie treffen; aber er fürch-
tet sie nicht.

Die Erniedrigung in Sprachschatz und Gedankenwelt
des Predigers ist Gottes Sache. Das Ergebnis hören wir
Sonntag für Sonntag von der Kanzel; wie es zustande
kommt, bleibt über weite Strecken Geheimnis. Gott verfügt über viele (verborgene und offenbare) Weisen, mit einem Mann zu handeln, der sich auf die Sonntagspredigt
vorbereitet. Er hat sogar die Möglichkeit, ohne, ja selbst gegen ihn sein Ziel durchzusetzen; einem Gedanken Ausdruck zu verleihen, den der Prediger noch nicht erkannt
hat, oder gegen den er sich sperrt. Wir haben an Jesus gelernt, daß Gott da am herrlichsten ist, wo er sich am tiefsten

erniedrigt, und daß seine Macht gerade dort zur Auferstehungskraft wird. Weil das göttliches Prinzip ist, dürfen wir darauf vertrauen, daß es auch für unsere Predigt gilt: wir sprechen, aber er redet; wir rufen, aber er handelt.

Deshalb darf man das, was ich von mir zu berichten habe, nicht als für andere gültiges Rezept mißverstehen. Es ist eine Möglichkeit von vielen. Ich erzähle davon, wie Gott mit mir über der Predigt handelt.

Predigtvorbereitung

Für mich ist das Wort von Spurgeon, daß ein Prediger immer Heu machen muß, geradezu eine Befreiung. Denn »immer«, das heißt auch »überall«: auf allen Feldern, in allen Bereichen dieser Welt. Ich brächte es nie und nimmer fertig, stundenlang vor dem Schreibtisch zu sitzen, den Urtext zu lesen, Kommentare zu wälzen und das betend und meditierend erarbeitete Ergebnis Stück für Stück fein säuberlich niederzuschreiben. Wie schön und richtig das auch sein mag, ich kann es einfach nicht. Ich muß dabei in Bewegung sein; vielleicht hängt das damit zusammen, daß bei älteren Herren dann das Gehirn frischer bleiben soll.

Jedenfalls brauche ich die Anregungen und Eindrücke von draußen. In der ganzen dem Predigtsonntag vorausgehenden Woche stehe ich unter Spannung, meine Antenne ist ausgefahren: aus Fernseh- und Rundfunkprogrammen, aus Zeitung und Büchern, aus Reiseeindrücken und mitgehörten Gesprächen nehme ich Gedanken und Sätze auf, die ich in meiner Predigt verwerte.

Ein Prediger darf immer Heu machen. Verkündigung ist für ihn nicht nur ein schweres und zugleich frohmachendes Amt, sondern sein schönstes Hobby: sie ist Teil seiner Freizeitbeschäftigung.

Spaziergänge, die ich allein oder mit meiner Frau unternehme, gehören in diesen Bereich der Vorbereitung. Gerade wenn ich nicht unter einem bestimmten Leistungsdruck am Schreibtisch sitze, erlebe ich oft, wie mir im tiefsten Sinn des Wortes etwas »einfällt«, wie es mir zufällt. Meditieren heißt: um die Mitte kreisen. Christus ist die Mitte. Er ist auch die Mitte des mir geschenkten Predigtthemas, um das sich nun alle Gedanken drehen; es ist, wie wenn ich eine Insel mit meinem Boot von allen Seiten umfahre.

Auch meinen Hund habe ich gern auf solche Spaziergänge mitgenommen, er hat mir manche Erkenntnis im Blick auf das Reich Gottes beigebracht. Hunde sind empfindsam, reagieren prompt. Luther hat offensichtlich ähnliche Erfahrungen gemacht: »So kindlich möchte ich auf Gott harren, wie mein Hund darauf wartet, daß ich ihm einen Happen Fleisch zuwerfe.«

Ich besitze eine Reihe von Kladden mit alphabetischem Register, in die ich Zitate, Lesefrüchte, Predigtaussprüche und andere mir wichtig erscheinende Sätze eintrage. Diese Bücher nehme ich in den letzten Tagen der Vorbereitung manchmal zur Hand und lasse mich durch die Formulierungen anderer anregen. Man sagt von Bach, er habe als Anregung zur eigenen Komposition immer wieder Stücke anderer Tondichter gespielt. Mancher Pfarrer liest aus dem gleichen Grund die Predigten, die andere Amtsbrüder zum gleichen Textabschnitt gehalten oder geschrieben haben.

Richtungweisend wurde für mich eine Mahnung von Walter Michaelis, dem ehemaligen Präses des Gnadauer Verbandes. Als wir einmal, noch als Studenten, mit ihm zusammensaßen, wies er uns darauf hin, daß auch ein Prediger nicht mehr von sich zu halten habe, »als sich's gebührt« (Röm. 12,3), und deshalb darauf achten müsse, daß er sein Konto nicht überzieht. Ich predige zwar immer trotz meiner selbst und über mich selbst hinweg – aber ich muß aufpassen, daß nicht der Eindruck entsteht, ich hätte das Ziel meiner Predigten schon erreicht. Auch ein Verkündiger muß immer im Rahmen seines Erkenntnis- und Erfahrungsraumes bleiben.

Einem großen Prediger verdanken wir den Rat: »Man kann mit der Predigtvorbereitung nicht früh genug anfangen und nicht spät genug aufhören.« Noch konkreter hat es Adolf Schlatter ausgedrückt: »Eine Predigt wird erst fertig, wenn man auf der Kanzel steht.«

Ich bin dankbar, wenn ich die Leitlinien für eine Predigt weiß, weiter aber kann ich mich im voraus nicht festlegen. Bei Johannes Busch habe ich gelernt, daß eine Predigt drei Haken haben soll: bestimmte Punkte, die klar formuliert herausgestellt werden. Mir sind solche Leitsätze für meine eigenen Predigten sehr wichtig geworden. Ich bemühe mich, nicht zu viele Beispiele oder Geschichten einzuflechten. Lieber begnüge ich mich mit einem Beispiel, das ich im Verlauf der Predigt immer wieder anklingen lasse: denn man kann in einer Predigt mit zu vielen Geschichten die eigentliche Textaussage auch in den Hintergrund drängen.

»Leitsätze«

Wesentlich erscheint mir, daß der Prediger im Text einen Satz entdeckt, der die Gemeinde unmittelbar angeht, der, wie wir sagen, »den Sitz im Leben« hat. Dieser Satz soll sich dem Hörer durch Wiederholung einprägen, damit er unverlierbar mit ihm geht. Er kann für ihn zur »großen Beute« werden, die ihm zur Freude am Wort der Bibel verhilft.

In der Predigt am Heiligen Abend habe ich einmal einen einzigen Satz herausgestellt: »Zu Jesus kommen, heißt, nach Hause kommen.«

Ein andermal sprach ich anhand von Jesaja 42,5 (»Der Herr wird sich über dich freuen wie ein Bräutigam über seine Braut«) über die voraussetzungslose Liebe Gottes: »Gott freut sich über mich, obwohl bei mir so viel zum Weinen ist. – Gott hat mich lieb, obwohl bei mir so wenig zu lieben ist.« Im Anschluß an diese Predigt kam ein Prokurist auf mich zu und sagte: »Heute ist mir aufgegangen, daß ich bei Gott keine Vorleistungen erbringen muß, sondern daß ich mich mit leeren Händen beschenken lassen darf.«

Bei einer Predigt zum Thema »Dienende Liebe« aufgrund des Berichts über die Fußwaschung (Joh. 13) kann der Leitsatz etwa lauten: »Praktizierte Alltagsliebe ist schenkende Aufmerksamkeit.«

»Jesus liebt dich. Jesus sucht dich. Jesus ruft dich.« Unter den Tausenden von Menschen, unter denen ich lebe, meint

Jesus uneingeschränkt mich und schenkt mir seine ganze Aufmerksamkeit. Er kümmert sich um mich, geht mir nach. Er spricht mich an, er will mich verpflichten. Er kann und darf es; denn er hat meine Vergangenheit geordnet, ist in meiner Gegenwart bei mir, und die Zukunft gehört ihm.

»Der Heilige Geist ist der Anwalt Jesu für Orientierungsbedürftige und für Vergeßliche.« – Im Bibeltext heißt es: Der Heilige Geist will euch alles »lehren«: das gilt für die Orientierungsuchenden. Und er wird euch »erinnern an all das, was ich euch gesagt habe« (Joh. 14,26): das gilt für die Vergeßlichen.

»Jesus ist als Hoherpriester unser Fürsprecher, unser Leidtragender und unser Kraftspender« (Hebr. 4,15–16). Er verwendet sich beim Vater für uns und setzt sich für uns ein. Er leidet mit unseren Schwachheiten; deshalb dürfen wir den Mut haben, ihm alles zu sagen, was uns bewegt. Er wird dafür sorgen, daß wir für die jeweilige Stunde die dafür nötige Kraft empfangen.

Das Menschliche in der Predigt

Neben den Leitsätzen ist mir für die eigene Predigt bedeutsam geworden, daß den Menschen vor allem der Mensch interessiert. Wenn ich »per ich« spreche, horchen die Leute sofort auf. Deshalb versuche ich, in die Predigt einfließen zu lassen, wie sich Glaube in den alltäglichen menschlichen Situationen auswirken kann; ich bemühe mich, die Umsetzung von göttlichem Zuspruch in menschliche Erfahrung deutlich zu machen.

Natürlich spielt bei der Predigt auch die Zahl der Zuhörer eine Rolle, doch sind Zahlen immer relativ. Für den einen liegt die »Schallmauer«, die ihm die Unbefangenheit nimmt, bei 30000 bis 40000, für den anderen bei 3000 bis 4000, und für einen weiteren bei 300 bis 400.

Ich habe in der Fabrikmission, bei großen Konferenzen und evangelistischen Veranstaltungen vor vielen Tausenden von Menschen gestanden. Ich habe Gott dann jedesmal gebeten, daß mich die große Zahl der Zuhörer nicht be-

drücken oder irritieren möge. Ich habe mir vor Augen gehalten, daß es sich im Grunde nicht um eine riesige Menge,
sondern um 40000 einzelne Menschen handelt, die alle mit
ihrem Latein am Ende sind, wenn sie Jesus nicht kennen.
Vielleicht klopfen sie abends um zehn am Stammtisch große Sprüche, aber wenn sie morgens um drei wach im Bett
liegen, denken sie anders. Das heißt, daß ich den einzelnen
Menschen mitten in der großen Menge da ansprechen darf,
wo ich ihn vielleicht besser kenne als er sich selbst, weil ich
weiß, was ihm vielleicht noch nicht klar ist: weil ich weiß,·
wer ihm fehlt.

Wenn mir solche Anrede gelingen soll, muß ich die geistliche Aussage, die ich ausdrücken will, der Kritik durch
nichtchristliche Erfahrung aussetzen; nicht, um christliche
Substanz in einen nichtchristlichen Erfahrungshorizont
einzuebnen, sondern um das, was ich sagen will, für den
Menschen vor den Toren der Kirche verständlich zu machen. Vielleicht meint Thielicke das, wenn er sagt, daß der
Prediger bei der Predigtvorbereitung in sich selbst auch das
Gespräch des alten Menschen mit dem neuen Menschen
führen müsse.

Mit oder ohne Konzept?

Es war einmal ein weiser Prediger. Als er merkte, daß die
Leute ihn zu bestaunen begannen, weil er immer frei und
ohne Konzept sprach, sagte er sich: »Von jetzt an werde ich
ein Papier mit auf die Kanzel nehmen; ich werde es umblät-
tern und darauf starren, auch wenn ich es nicht brauche. Es
ist der Inhalt einer Predigt, der zählt, nicht, ob der Pfarrer
dabei ein Manuskript benutzt oder nicht.«

Mir hat Gott bei einer EC-Jahrestagung in der großen
Killesberg-Halle einmal ein Manuskript weggenommen;
nicht einfach so, fast möchte ich sagen, auf die feine englische Art. Ich wohnte damals bei Christen in Stuttgart. Das
Frühstück war für acht Uhr angesetzt, aber als ich frisch ge-
waschen und rasiert die Treppe herunterkam und dem
Frühstückszimmer zustrebte, begegnete mir der Hausherr

noch im Bademantel. Die Zeit verging, es wurde später, als ich geplant hatte. Für die anderen war es natürlich immer noch früh genug, aber ich hatte schließlich die Festpredigt zu halten. Als wir dann endlich alle fertig waren, habe ich in Eile und Aufregung des Aufbruchs mein Konzept liegen lassen. Ich merkte es erst auf dem Killesberg, als die Posaunen bereits die Intrade bliesen. Zurückfahren und meine Predigtnotizen holen, war schon rein zeitlich ausgeschlossen; also bin ich mit Zittern und Zagen, aber ohne Konzept auf die Kanzel gestiegen. Und dann habe ich erfahren, daß Gott auch ohne schriftliche Anhaltspunkte und Stichworte die gedankliche Vorbereitung der letzten Wochen in mir lebendig machen konnte. Solche Erfahrung macht getrost.

Das hat mit Faulheit nichts zu tun; wohl aber kann Gott über ein verlorenes oder verlegtes Manuskript hinweghelfen. Er kann aus den biblischen Meditationen zurückliegender Wochen auch mit einem Schlag ein Predigtkonzept in uns formen, wenn wir überraschend zu einem Dienst gerufen werden, so daß jede Vorbereitung unmöglich war.

Die Sorge um den Inhalt der Predigt und um ihre rechte Aufnahme durch die Zuhörer verbindet sich für mich in dem Ziel, das ich bei meiner gesamten Verkündigungsarbeit verfolge: Ich möchte die Botschaft des Evangeliums mit Worten, die meinen Zeitgenossen vertraut sind, so überraschend neu ausdrücken, daß es ihnen vorkommt, als hörten sie sie zum ersten Mal. Ich weiß, daß dies entscheidend von der Wirkung des Heiligen Geistes abhängt. Gerade deshalb möchte ich mich an meinem bescheidenen Teil plagen und nichts versäumen.

Die Rundfunkandachten

Die Morgenandachten im Rundfunk sind dazu eine gute Möglichkeit und zugleich eine große Herausforderung. Im Lauf der Jahre habe ich über 20 Andachtsreihen, jeweils für den Zeitraum einer Woche, halten können. Dabei wird mir die ungeheure Chance, die uns die Technik zur Verkündigung des Evangeliums im Vorfeld der Kirche bietet, immer neu bewußt.

Man sitzt in einem einsamen, kleinen Studio vor dem Mikrophon und fühlt sich allein und hilflos. Aber jedes Wort, das man spricht, wird später auf unsichtbaren Wellen über kaum vorstellbare Entfernungen getragen: vielleicht zu Millionen von Menschen; zu Frommen, Zweiflern und Enttäuschten; zu Menschen mit unterschiedlichen Schicksalen, in unterschiedlichen Verhältnissen und Situationen; und vielleicht ist gerade das Wort, das ich jetzt spreche, für einen, der sich weit draußen befindet, die entscheidende Hilfe, der letzte Rettungsanker.

Ich kenne die Menschen nicht, zu denen ich spreche, ich sehe sie nicht. Aber sie hören meine Stimme, über räumliche Entfernungen, soziale Barrieren und viele andere Schranken hinweg. Ich darf lebenspendendes Brot »aufs Wasser werfen«, und durch das Medium des Rundfunks multipliziert es sich in einer für mich unvorstellbaren Weise. Was damit geschieht, entzieht sich meiner Kenntnis, das weiß nur Gott. Mir aber gibt er die Zusage, daß es am anderen Ende des Wassers ankommen wird. Mehr darf der Mann am Ufer nicht erwarten.

Er bleibt bescheiden, im Blick auf sich selbst unsicher; aber er darf die großen Möglichkeiten, die Gott heute zur Ausbreitung des Evangeliums bereithält, staunend und dankbar nutzen. Es liegt etwas Besonderes, Geheimnisvolles über allem, was mit christlicher Rundfunkarbeit zu tun hat. Wenn ich Monate vorher den nächsten Termin zugeteilt bekomme, bitte ich Gott zunächst um das Grundthema. Manchmal halte ich mich an die Tageslosung oder an die vorgegebene Bibellese. In einer Woche habe ich die Geschichte des Kämmerers aus dem Mohrenland behandelt. Oder ich wende mich den kleinen Dingen des Alltags zu, die, weil sie einen so großen Teil unseres Lebens ausmachen, viele Ansatzpunkte zum Gespräch über den Glauben bieten. Hier wird unser Christsein konkret, und an meinem Verhalten in diesen Situationen entscheidet es sich, ob das Evangelium als anziehend oder abstoßend empfunden wird.

Die erarbeiteten Manuskripte werden zur Prüfung an den Beauftragten des Kirchenfunks eingeschickt. Für WDR und NDR war das viele Jahre Kirchenrat Gattwinkel, dessen Anregungen mir immer eine große Hilfe gewesen sind. Man merkt erst dann, wie sehr man, trotz aller Bemühungen, sich auf den Hörer einzustellen, in eigenen Gedanken- und Sprachkreisen gefangen bleibt. Oft erkennt ein anderer besser, wo inhaltliche Überschneidungen, mißverständliche oder unklare Formulierungen vorliegen. Kirchenrat Gattwinkel hat mir hier, in brüderlichem Ernst und doch zugleich sehr freundlich, viele Hinweise gegeben. Er hat mich nie bedrängt und die letzte Entscheidung immer mir überlassen.

In all den Jahren meiner Zusammenarbeit mit den Rundfunkanstalten hat nie jemand versucht, sachlich in das einzugreifen, was ich sagen wollte. Vielleicht hat man den Pietisten hie und da belächelt, aber man hat ihn respektiert.

Dann kommt der Termin im Funkhaus, die Arbeit auf der einsamen Insel, die Aufnahmeraum heißt. Natürlich spreche ich auf Band und nicht live, aber was ändert das! Mein Part läuft jetzt: was ich zu geben habe, das muß ich jetzt geben. Was Gott dann damit tut, wie er auf den Hörer einwirkt, liegt außerhalb meiner Möglichkeiten.

Ich bin allein und habe doch mehr Menschen vor mir als jemals in einer Großveranstaltung. Ich bete, denn die Technik um mich her darf und soll mich nicht bedrücken. Ich darf sie benutzen, aber sie soll mich nicht beherrschen. Ich bete und stelle mir die Menschen vor, die zuhören: vielleicht liegen sie noch im Bett, vielleicht sind sie krank, vielleicht sitzen sie am Frühstückstisch oder sind schon im Auto unterwegs. Andere setzen sich vielleicht gerade still hin, halten für sich Andacht und lassen mich nicht allein beten.

Dabei bemühe ich mich, zugleich freundlich zu den Technikern zu sein. Wenn ich sie, die ich durch die Trennscheibe vor mir sehe, nicht erreiche – wie soll ich dann die vielen gewinnen, die sich hinter ihnen zu einer unsichtbaren Hörergemeinde sammeln?

Am Rande einer solchen Aufnahme habe ich einmal etwas erlebt, was mich stark beeindruckt hat. Im Studio nebenan hatte ein Sänger ein Lied vorzutragen: »Unter einem

blühenden Apfelbaum saß ich mit Dorothee am Bodensee«
oder so ähnlich hieß der Text. Regie und Technik waren
nicht zufrieden, und er mußte es mehrmals wiederholen.
Jedes Mal lächelte er ins Mikrophon, wenn er den blühenden Apfelbaum über und die schöne Dorothee neben sich
besang. Auch beim fünften Mal noch. Er sang nur ins Mikrophon, keine Fernsehkamera weit und breit – aber dieser
Mann wußte, daß er seine ganze Persönlichkeit einsetzen
mußte; die Leute würden an seiner Stimme merken, ob er
alles gab, was er hatte, auch wenn sie ihn nicht sahen. Daran habe ich später manchmal gedacht, wenn ich selbst vor
dem Mikrophon saß.

Während der Kriegsgefangenschaft unterhielt ich mich
einmal mit einem Kameraden, der längere Zeit als Café-
haus-Musiker gearbeitet hatte. Was denn das Besondere
daran sei, wenn man als Musiker Menschen in einem Lokal
zu unterhalten habe, fragte ich ihn. Die Aufmerksamkeit
der Gäste sei doch oft nur zum Teil der Musik gewidmet;
manchmal werde sie vielleicht nur als stimulierende oder
schützende Geräuschkulisse empfunden, die dafür sorgt,
daß das eigene Gespräch am Nachbartisch nicht mehr verstanden wird. Darauf gab er mir zur Antwort, daß es natürlich auf die Auswahl der Musikstücke und den gekonnten
Vortrag ankomme. Für den Alleinunterhalter aber sei genau so wichtig, daß er seine Musik richtig »verkaufe«. Das
heißt: Musik wird nicht allein durch die Qualität der Komposition und des Vortrags, sondern nicht zuletzt durch den
Menschen vermittelt: durch die Art seines Auftretens, den
persönlichen Kontakt, den er zu seinem Publikum zu schaffen versteht.

Manchmal wünsche ich mir, wir würden daraus etwas
mehr für die Weitergabe des Evangeliums lernen. Wir haben doch die beste Sache der Welt zu »verkaufen«, auch
wenn sie nichts kostet. Oft haben wir sie Menschen anzubieten, die uns ihre Aufmerksamkeit nur sehr geteilt zu-
wenden. Absolvieren wir unser Zeugnis oder unseren Vortrag dann lediglich wie eine Pflichtübung, oder bemühen
wir uns, jenen menschlichen Kontakt herzustellen, jenes

Stück Sympathie und Aufmerksamkeit zu gewinnen, das bei der Übermittlung einer Nachricht so entscheidend wichtig sein kann?

Nach einer solchen Reihe von Rundfunkandachten erhalte ich meist viele Anrufe, Karten und Briefe. Ich lasse die Texte der Andachten jeweils schon vorher drucken, damit ich sie allen, die sich an mich wenden, sofort zusenden kann. Hier wird ein kleiner Teil der unsichtbaren Hörergemeinde dann doch für mich faßbar: Namen, Orte und Schicksale reihen sich aneinander. Dabei wird deutlich, daß es auf diese Weise wirklich möglich ist, viele Menschen außerhalb der Kirche zu erreichen und anzusprechen.

Manchmal verknüpfen sich hier die Begegnungen. Einmal schrieb mir ein Rundfunkhörer anonym, daß ich ihn zwar nicht kennen könne, er mich aber wohl schon getroffen habe. Morgens um sieben sei ich einmal mit Gerhard Bergmann durch die Bahnhofsunterführung in Hagen marschiert, dabei hätten wir ein christliches Morgenlied gesungen. Es habe ihn damals beeindruckt, daß jemand so etwas wage.

Rundfunkandachten unterscheiden sich grundsätzlich von Predigten. Da ich meine Hörer nicht kenne, nicht weiß, ob sie noch zur Kirche gehen oder nicht, darf und will ich sie nicht anpredigen. Aber ich kann versuchen, mit ihnen ein Gespräch anzuknüpfen, so als säßen sie mir am Tisch gegenüber, dort, wo jetzt die Glaswand ist, mit dem konzentrierten Gesicht des Technikers dahinter.

Ich will in ihrer Sprache mit ihnen reden, in Begriffen, die sie verstehen. Ich möchte sie in einer ihnen bekannten Situation ansprechen und suche nach einem gemeinsamen Anknüpfungspunkt. Gleichzeitig kreist alles, was ich sage, um ein Bibelwort, vielleicht um eine Verheißung Gottes. Denn so sehr es mir um Menschlichkeit und damit auch um Mitmenschlichkeit geht – was ich sage, muß immer im Sinn des Evangeliums identifizierbar bleiben. Denn ich bin kein Vertreter des Roten Kreuzes oder eines Sozialverbandes, sondern ich sitze wegen Jesus hier; das muß immer deutlich sein, man darf meine Rede nicht ver- oder auswechseln können.

Neben den morgendlichen Rundfunkandachten haben sowohl NDR, WDR und der Sender Freies Berlin Rundfunk-Gottesdienste aus Lüdenscheid übertragen. Dabei steht der Prediger vor einer doppelten Aufgabe. Er hat einmal die eigene Gemeinde vor sich, der sein Auftrag ohne Rücksicht auf das gilt, was darüber hinaus geschieht. Andererseits weiß er, daß seine Kirche gewissermaßen nach hinten »offen« ist und daß sich unter seiner Predigt unsichtbar gleichzeitig Millionen von Rundfunkhörern versammeln.

Dabei bin ich als ein Mann, der das Thema seiner Predigt zwar tagelang meditiert und memoriert, sich aber nicht an ein geschriebenes Manuskript halten kann, besonders herausgefordert. Doch vermutlich gibt es keinen Prediger, der hier nicht mit seiner ganzen erbärmlichen Existenz auf die Barmherzigkeit Gottes angewiesen ist.

Mit meiner Eigenart bringe ich die Techniker immer wieder ins Schwitzen. Weil ich mich nicht starr an ein Manuskript halte, fällt es ihnen schwer, während der Sendung die Zeit zu überprüfen. Bei einem Rundfunk-Gottesdienst, der um 10 Uhr beginnt, lautet die magische Zahl 10.43 Uhr. Bis dahin muß alles abgeschlossen sein, sonst wird die Übertragung vielleicht mitten im Vaterunser abgebrochen.

Es ist mir wichtig, daß ich die Männer des Rundfunks in diesem Punkt nicht enttäusche. Und wenn sie dann vor sich hinmurmeln: »Donnerwetter, er hat wahrhaftig Wort gehalten«, dann ist das für mich eine schöne Belohnung; denn ich möchte verläßlich sein, auch in dieser Beziehung soll mein Wort gelten.

Gerade bei der Rundfunkarbeit wird die Schar derer, die für mich beten, zur großen Stütze und zum festen Halt. Ich weiß, daß in einem Altenheim unserer Stadt, unter der Leitung von Schwester Lieselotte, solcher Fürbittedienst geleistet wird, und ich vergesse nicht, mich anschließend dafür zu bedanken. Ich sage es unserem Bibelkreis und anderen Gebetsgruppen, ich verschicke vor solchen Gottesdiensten Postkarten an Kranke, Einsame und Alte, von denen ich weiß, daß sie in der entscheidenden Stunde für mich beten.

In meine eigene Fürbitte sind viele Mitarbeiter bei Rundfunk und Fernsehen eingeschlossen: Regieassistenten, Kameraleute, verantwortliche Programmgestalter. Sie haben eine wichtige Aufgabe zu erfüllen, wir dürfen sie nicht sich selbst überlassen.

Ich kann nur immer wieder betonen, daß wir das Ausmaß der Möglichkeiten, die die elektronischen Medien uns bieten, noch keineswegs begriffen haben. Solange wir diese nicht erkennen, sind wir aber nicht in der Lage, sie voll zu nutzen.

Zusammenarbeit mit dem Evangeliums-Rundfunk

Die rein missionarisch ausgerichtete Rundfunkarbeit – in Ergänzung zu den Programmen des Kirchenfunks an den öffentlich-rechtlichen Rundfunkanstalten – begann damit, daß sich deutsche Evangelisten an ausländischen Sendestationen um den Kauf von Sendezeit bemühten. Dem Beispiel Anton Schultes, der diese Arbeit anfing, folgten im Lauf der Jahre eine ganze Reihe von Evangelisten und Missionswerken.

Daneben entstand der Evangeliums-Rundfunk, deutscher Zweig der weltweit arbeitenden Missionsgesellschaft »Trans World Radio«. Nach einer harten Aufbauphase, in der vor allem der jetzige Programmdirektor Horst Marquardt um die Anerkennung dieser Arbeit im Raum der Gemeinde kämpfte, verfügt der Evangeliums-Rundfunk heute über ein eigenes Haus in Wetzlar mit eigenen Studios und einem großen Stab von Mitarbeitern. Die Arbeit des Evangeliums-Rundfunks gehört zum Verantwortungsbereich der Deutschen Evangelischen Allianz, Auszüge aus dem Sendeprogramm werden in vielen christlichen Zeitschriften veröffentlicht. Die aus allen Kreisen der Allianz kommenden Redner werden in rundfunk-homiletischen Seminaren für diese besondere Aufgabe geschult.

Persönlich empfinde ich die Mitarbeiter des Evangeliums-Rundfunks nicht zuletzt deshalb als besonders nett, weil sie mir die Fahrt ins Studio nach Wetzlar ersparen und mit ihren Aufnahmegeräten nach Lüdenscheid kommen. Ein Zimmer wird dann zum »Studio« umfunktioniert, was auf die gesamte Hausgemeinschaft nicht ohne Auswirkungen bleibt.

Die Haustür wird leicht geöffnet und mit einem Schild: »Bitte leise, Rundfunkaufnahme« versehen. Unser Hund wurde jedesmal in die Nachbarschaft ausquartiert, weil die Techniker auf sein Knurren oder Bellen als akustische Untermalung keinen Wert legten. Auch die Kuckucksuhr wird abgestellt; der ihr innewohnende Vogel hatte sich erdreistet, seine Stimme mitten in einer Sendung erschallen zu lassen. Ich empfand dies als ganz lustig, fand bei den Technikern jedoch keine Unterstützung. Sie hätten den Auftrag, Paul Deitenbeck, nicht aber seinen Vogel aufzunehmen, erklärten sie.

Naturgemäß herrscht bei diesen Aufnahmen eine ganz andere Atmosphäre als in den Funkhäusern. Zu Beginn befehlen wir Gott in einer Gebetsgemeinschaft die vor uns liegende Aufgabe an, nach getaner Arbeit stärken wir uns bei einer Tasse Kaffee und bitten Gott noch einmal, das gesprochene Wort an vielen Hörern zu segnen.

»Das Mikrophon ist durchlässig für geistliche Atmosphäre und geistliche Wirkungen.« Dieser Satz stammt aus dem Mund eines Rundfunkmannes, und ich möchte ihn nie vergessen.

Fernseh-Gottesdienst an der Glörtalsperre

Seit vielen Jahren, ich habe bereits davon erzählt, führen wir am Pfingstmontag einen Waldgottesdienst an der Glörtalsperre durch, an dem immer mehrere tausend Besucher teilnehmen.

Daß er im Jahre 1978 vom ZDF übertragen wurde, geschah wieder ohne mein Zutun; die Sache war so ins Rollen gekommen: Anläßlich der Europäischen Allianzkonferenz 1977 waren verschiedene Vertreter, darunter Wilhelm Gilbert und ich, zu einem kurzen Interview für den Kirchenfunk aufgefordert worden. Aufgrund eines technischen Defekts mißlangen die Aufnahmen von Dr. Gilbert und mir. Programmdirektor Fried Thumser vom »Evangelischen Tagebuch« schlug daraufhin vor, neue Aufnahmen zu machen, und besuchte mich dazu wenig später in Lüdenscheid. Bei dieser Gelegenheit sah er in meinem Arbeitszimmer ein Foto vom Waldgottesdienst an der Glörtalsperre hängen. Als ich ihm auf seine Frage erklärte, worum es sich handele, meinte er, daß dies doch eigentlich eine Sache für eine live-Sendung des ZDF sei. Er, Thumser, wolle sich jedenfalls dafür einsetzen. Und einige Wochen später kam tatsächlich die offizielle Bestätigung; auch Intendant von Hase hatte das Projekt genehmigt.

Für mich kam es dabei vor allem darauf an, daß ich mir nicht »selbst die Tür aufgemacht«, mich nicht in den Vordergrund gespielt hatte. Es verlief ähnlich wie bei den Morgenandachten, zu denen ich mich ebenfalls nie gedrängt hatte, sondern zu denen ich aufgefordert worden war. Dasselbe gilt für frühere Fernsehauftritte anläßlich des Gemeindetages in Dortmund und für ein Rundgespräch über die »Evangelikalen in Deutschland«.

Für den Waldgottesdienst 1978 übernahm Pfarrerin Bärbel Wilde die Vorgespräche mit den Fernsehteams. Sie verfügte bereits über Erfahrungen auf diesem Gebiet, denn sie hatte beim Gemeindetag 1977 in Dortmund die Zusammenarbeit mit den Massenmedien vorbereitet.

Bei der Ortsbesichtigung stellte sich heraus, daß der traditionelle Platz, an dem der Waldgottesdienst sonst stattfand, nicht geeignet war, weil die mehrachsigen Übertragungswagen nicht bis an Ort und Stelle gebracht werden konnten. Schließlich fand man in der Nähe der Sperrmauer eine geeignete Stelle.

Nun begannen die üblichen Vorbereitungen; sie standen nicht nur unter dem Druck, einer zusätzlichen, nach Millionen zählenden Zuschauermenge gerecht zu werden, sondern gleichzeitig wurde ein minutiöser Zeitplan festgelegt; der gesamte Gottesdienst durfte die vorgeschriebene Sendezeit von 56 Minuten nicht überschreiten.

Seit 30 Jahren, auch das habe ich bereits erwähnt, hatte der Pfingstgottesdienst an der Glör nicht wegen Regen ausfallen müssen. In Lüdenscheid galt es schon fast als Sprichwort: »Während des Waldgottesdienstes regnet es nicht.« – »PD-Wetter«, sagten die Leute.

Nun fielen in diesem Jahr die Pfingsttage mit den »Eisheiligen« zusammen, und Glaube und Besorgnis lieferten sich in uns harte Kämpfe. In der Überzeugung, daß Gott uns auch in diesem Jahr gutes Wetter geben könne, haben wir ihn oft darum gebeten. Aber er hat uns gedemütigt und die Dusche nicht abgedreht. Es regnete kurz vorher noch heftig, und auch während des Gottesdienstes blieben die Regenschirme in Aktion.

Wir hatten befürchtet, daß sich das ungünstige Wetter negativ auf die Besucherzahl auswirken könnte, aber wir wurden beschämt: Es kamen über 4000 Menschen, mehr als im Vorjahr. Diese Zahl wiegt um so schwerer, als wir uns sagen mußten, daß mancher, der sonst dabei war, diesmal zu Hause bleiben würde, weil er auch am Fernsehgerät miterleben konnte, was sich an der Glörtalsperre tat. Aber viele der Treuen blieben bei der Stange, und manche andere kamen hinzu.

Nur ein Beispiel will ich erwähnen: Wenn ich Hausbesuche mache, schelle ich meist auch bei den anderen Bewohnern der Etage und sage »Guten Tag«. Bei einer dieser Gelegenheiten lud ich eine Dame ein, mit ihrer Familie doch auch einmal zum Waldgottesdienst zu kommen. Als ich sie Wochen später wiedertraf, erzählte sie mir, daß sie zu einem aus zwölf Ehepaaren bestehenden Tanzkreis gehöre; sie träfen sich jede Woche zu einem geselligen Zusammensein und zum Tanzen. Diese Gruppe hatte sie nun, trotz des ungünstigen Wetters, zum Besuch des Waldgottesdienstes mobil gemacht. Bis Schalksmühle waren sie mit dem Zug gefahren und dann gewandert. Und sie hatten es nicht bereut, obwohl sie erst am Abend und sicher nicht ganz trocken nach Hause gekommen waren.

Für mich bedeutete der Regen Verzicht auf das Predigt-Manuskript; denn durchnäßte Papierblätter sind nutzlose

Fetzen, und mit einem Regenschirm bewaffnet konnte ich nun wirklich schlecht auf der improvisierten Kanzel auftreten. So blieb mir gar nichts anderes übrig, als mich völlig in Gottes Hand fallen zu lassen. Und so bat ich ihn um die rechten Gedankengänge und Formulierungen; denn ich wollte nicht nur eine Pfingstpredigt, sondern eine wirklich evangelistische Ansprache halten, überraschend auch in mancher ungewohnten, der Alltagssprache entnommenen Formulierung. Meine Nerven vibrierten, nicht nur während des Gottesdienstes, sondern noch Tage danach, und trotzdem wußte ich mich gehalten und geführt. Ich dachte an Paulus, der von sich sagt, daß er mit großem »Zittern« bei den Korinthern war. Jedenfalls sind hier alle Vorstellungen von geistlichem Athletentum absurd.

Meine Nerven waren, natürlich besonders während der Predigt, bis zum letzten angespannt und strapaziert. Immer wieder dachte ich: Jetzt verlierst du den Zusammenhang, kannst deinen Gedankengang nicht weiterführen. Und dennoch spürte ich mitten in dieser Anspannung, daß ich nicht allein war, daß Gott mir Satz für Satz gab, was ich brauchte.

Viele Hörer haben das nachträglich bestätigt. Zwar habe ich mich hier und da verhaspelt oder versprochen, das ist ganz natürlich; aber vom Inhalt der Predigt fehlte nichts. Ich habe sogar Dinge gesagt und Beispiele gebraucht, die ich gar nicht vorgesehen hatte. Ich spürte, daß mir der Kontakt zur Menge der Zuhörer gelungen war, obwohl diese ja nicht am Waldrand endete, sondern bis ins letzte Dorf der Bundesrepublik reichte.

Anschließend meinten sogar die Fernsehleute, daß sie nun dankbar nach Hause gingen, und zwar nicht nur, weil sie aus der Nässe in die Wärme kamen. Das war eigentlich auch die Summe aller Echos, die mich am Nachmittag und an den folgenden Tagen aus allen Teilen der Bundesrepublik per Telefon, durch Briefe und Karten erreichten. Der Dank, der darin zum Ausdruck kam, galt auch den mitwirkenden Chören wie dem liturgischen Dienst von Bärbel Wilde.

Auch hier erwiesen sich Bildröhre und Mikrophon als durchlässig für geistliche Wirkungen. »Am meisten hat uns beeindruckt, daß man trotz Mikrophon und Bildübertragung spüren konnte, daß Sie glauben, was Sie sagen« – so und ähnlich schrieben nicht nur Leute, die Sonntag für Sonntag in die Kirche gehen. Auch Menschen, die Jesus Christus noch nicht begegnet sind, haben ein Gespür für die größere Dimension der Botschaft des Evangeliums.

Von Bekannten und Unbekannten, von Kameraden aus der Kriegsgefangenschaft kamen Kartengrüße und Anrufe: »Bist Du das gewesen, der da gesprochen hat?« – Ein Arzt aus Bayern sagte am Telefon: »Sie haben in dieser Predigt die Wunde aufgedeckt und Sehnsucht geweckt.« Das war für mich eine der schönsten Reaktionen, denn genau das war mein Ziel gewesen: Ich hatte davon gesprochen, daß das Herz die Vorratskammer von Geheimnissen, eine Dunkelkammer der Schuld sei, und ich hatte von der Sehnsucht geredet, die jeden Menschen erfaßt, weil er Licht in dieses Dunkel bringen möchte.

Der Direktor einer Schule bestellte ein Tonband für seine Schüler. Altenheime, Krankenhausstationen, Jugendkreise, Hausfrauen und Industriearbeiter schrieben, daß sie die Sendung »zufällig« gesehen hätten. Dr. Bergmann meinte: »Vielleicht war das Wetter an diesem Tag deshalb so ungünstig, damit viele, die auf das vorgesehene Picknick im Wald verzichten mußten, zu Hause dann aus Langeweile den Fernseher eingeschaltet haben.«

Die Fernsehleute schätzen jedenfalls, daß die Einschaltquote um etwa 2 Millionen über dem Durchschnitt gelegen haben könne. Ich will nicht zählen, nicht rechnen. Aber ich habe dankbar zurückgedacht an die Losung am Tag meiner Heimkehr aus der Kriegsgefangenschaft: »Mir ist eine große Tür aufgetan, die viel Frucht wirkt. . .« Ich habe mich in meinem Leben oft gefragt, wie Gott diese Zusage wahrmachen will. Er hat mir manche Tür aufgetan: in der Allianz, bei den Billy Graham-Evangelisationen, im Raum der Bekenntnisbewegung, bei Rundfunkandachten und Rundfunkgottesdiensten. Nun kam eine weitere dazu: eine ungekürzte, ungeschmälerte und unzensierte Predigt vor Millionen von Fernsehzuschauern, und zwar 30 Jahre nach meiner Rückkehr aus der Kriegsgefangenschaft. Für mich war das ein stilles Jubiläum, der Tag einer offenen Tür, die ich in tiefster nervlicher Anfechtung durchschritten habe, aber gehalten durch Gottes Hand. Was dadurch geschehen konnte, bleibt verborgen. Es ist nur bei Gott offenbar, und auch das ist gut.

Kollektenpredigt

Manchmal tun wir so, als sei es eine jener bedenklichen Neuerungen unseres Jahrhunderts, wenn in der christlichen Gemeinde über Geld geredet wird, und schon deshalb könne das nicht viel taugen.

Aber der erste Mann, der in christlichen Gemeinden Geld sammelte, und zwar überall, wo er hinkam, war Paulus von Tarsus und seines Zeichens ein Apostel. Lebte er heute, würde er seine Aktion vielleicht auch »Hilfe für Brüder« oder »Brot für Jerusalem« nennen.

Es irritierte ihn keineswegs, daß wenige Jahre vorher 30 Silberlinge in die falsche Tasche gewandert waren; in die Tasche eines Mannes, der nominell ebenfalls zu Jesus gehörte. Richtige Verwendung und Mißbrauch von Geld lagen schon in der ersten Gemeinde nahe beieinander. Ananias hatte Unehrlichkeit bei der Ablieferung des Gemeindebeitrags mit dem Leben bezahlen müssen, aber selbst »Rücksicht auf die Schwachen« bewog Paulus nicht, seine Unterstützungsaktion für Jerusalem abzublasen.

Was den Stellenwert der Kollekte angeht, so habe ich viel bei Wilhelm Busch gelernt, der einmal gesagt hat: »Zu einem richtigen Gottesdienst gehört das Singen der Gemeinde, das Hören auf die Predigt, das Beten und das Opfer.« Und damit war es ihm ernst.

Im übrigen hat es schon lange vor uns Leute gegeben, die ganz schön zur Sache kommen konnten, wenn die Kollekte an der Reihe war. Samuel Keller soll einmal eine sehr kurze, aber um so eindeutigere Kollektenrede gehalten haben:

»Ich erwarte von euch, daß ihr alles gebt, was ihr in euren Brieftaschen habt.« Erzählt hat mir das ein Pfarrer, der es als junger Mann miterlebt hat und bei dem es, wie er selbst zugab, einiger Liedverse bedurft hatte, bis er bereit war, sein Säckel auszuleeren.

Ich weiß, daß einmal ein junger Mann in einer christlichen Versammlung saß und nur einen bereits verplanten Geldbetrag in der Tasche hatte. Und dann ließ es ihm doch keine Ruhe, bis Münzen und Scheine im Opferbeutel verschwunden waren.

Ich habe es meinen Konfirmanden, und ich habe es im Jugendkreis gesagt: »Ihr könnt auch von eurem Taschengeld schon etwas für das Reich Gottes geben. Übt euch früh darin.« Wenn im Alten Testament von der Abgabe des Zehnten die Rede ist, so darf man daraus sicher kein Gesetz für die christliche Gemeinde ableiten; aber man gewinnt einen Orientierungspunkt. Gott verbindet mit der Abgabe des Zehnten besondere Segnungen.

Nein, neu ist das Reden von Geld weder in der Kirche noch in der Gemeinde. Aber die heutigen Großveranstaltungen, die Übertragungen durch Massenkommunikationsmittel wie Rundfunk und Fernsehen haben auch die Kollektenrede stärker ins Blickfeld der Öffentlichkeit gebracht.

Besonders deutlich wurde das bei der »Euro '70« mit Billy Graham. Wenn ich in der Westfalenhalle aufstand und über die Deckung der Unkosten sprach, dann war das gleichzeitig in vielen Großstädten Europas zu sehen und zu hören. Am nächsten Morgen hagelte es dann prompt Anrufe bei mir zu Hause. Die einen meinten, ich hätte zuviel, andere, ich hätte zu wenig gesagt. Wie schwer es ist, hier immer das richtige wohlausgewogene Mittelmaß zu finden, wird nur der ermessen, der selbst einmal in ähnlicher Situation gestanden hat.

Da spielen so viele Dinge mit: die Atmosphäre in der Halle, die eigene Verfassung, die drückende Last unbezahlter Rechnungen, vielleicht Gespräche mit Brüdern, die man kurz vorher geführt hat: mit ängstlichen und burschikosen, mit zurückhaltenden und mit Draufgängern. Dann hat es der Heilige Geist oft gar nicht leicht, so ein Kollektenpredigerlein dahin zu bringen, wo er es haben will.

Ich helfe mir bei solchen Gelegenheiten gern mit einem Scherz. Aber auch da kann man leicht des Guten zuviel tun, gerade dann, wenn man Sorge hat, man könnte die Zuhörer von der Wichtigkeit ihrer Spende nicht genügend überzeugen. Ich vergesse nicht, daß Anton Schulte mich bei einer solchen Gelegenheit einmal beiseite nahm und mir riet: »Paul, den Leuten ist Geld etwas Heiliges. Sie mögen es nicht, wenn man sie in diesem Punkt nicht ernstnimmt; ein Scherz zuviel kann hier mehr schaden als nutzen.«

Manchmal ist es wirklich nicht einfach. Gott selbst sagt: »Mein ist Silber und Gold.« Ist es denn dann richtig, wenn sich im Opferbeutel so viele Kupferpfennige finden? Wo fängt hier die Verantwortung des Mannes an, der zum Opfer aufruft? Natürlich ist Gott über alle Maßen reich, aber steckt sein Bargeld schließlich nicht doch in den Taschen seiner Kinder? Im Anschluß an die »Euro '70« hat mich eine Tageszeitung als modernen Ablaßprediger bezeichnet. Aber wer sagt uns, wo hier eigene Schuld liegt, wo um der Pointe willen produziertes journalistisches Mißverständnis?

Ich halte mich auch da gern an Luther: »Wenn ich einen reichen Hansen um Gottes Willen ärmer mache, das reut mich nicht.« Ganz sicher soll und darf man niemanden unter Druck setzen; aber man kann zum Opfer ermutigen.

Ich vergesse nicht, wie mir während einer Evangelisation mit Billy Graham einmal Eltern das Sparschwein ihres Kindes brachten. Der Junge hatte aus völlig freiem Antrieb sein »Bankkonto« geplündert. In der Abendveranstaltung habe ich diese Geschichte erzählt und das Sparschwein hochgehalten (es waren übrigens 60,– DM drin). Das hat andere angeregt und ermutigt, nun auch ihrerseits in ihren Taschen Umschau zu halten.

Ich weiß, es hat bestimmt auch Menschen gegeben, die das als peinlich oder geschmacklos empfunden haben. Damit werden wir uns abfinden müssen. Gott hat uns zwar seinen Sohn gesandt, und er hat ein Holzkreuz für ihn als erhöhten Standort gewählt; aber eine Filiale der »Himmels-bank«, bei der die ungedeckten Schecks aus Gemeindear-beit, Mission, Evangelisation und Diakonie eingelöst wer-den, hat er uns nicht eingerichtet. Er hat sich, auch was den Finanzhaushalt seiner Gemeinde angeht, erniedrigt und in die Hände seiner Kinder begeben.

Deshalb werden wir auch hinsichtlich Finanzfragen und Kollekten-Predigten weiterhin aneinander Barmherzigkeit üben und miteinander Geduld haben müssen: mit Kollek-ten-Rednern, die ihren Mund zu weit oder zu wenig weit aufmachen, zu laut und zu forsch oder zu leise und zurück-haltend vom Geld sprechen – aber auch mit uns selbst, die wir oft so ungelenke Finger haben, wenn es gilt, in die eige-ne Brieftasche zu fassen, und die wir uns manchmal sehr schwer tun, bevor wir eine größere Zahl und eine entschlos-sene Unterschrift auf einen Scheck setzen, der für die Ar-beit im Reich Gottes bestimmt ist.

12. Kapitel

Warten können auf die Stunde der Gnade

Erfahrungen im eigenen Dienst

Karl Barth hat gesagt, daß wir durch den Heiligen Geist
»noch hier – schon jetzt« von dem leben dürfen, was wir
einmal in Christus sein werden.

Mein Leben ist noch Stückwerk, ich bin noch nicht am
Ziel, aber ich darf schon jetzt von dem Kapital leben, das bei
meinem endgültigen Eintritt in die Herrlichkeit Gottes frei
wird. Ich lebe nicht nur vom Konto der Gnade, sondern es
darf sich in meinem Leben, gewissermaßen vorweg, etwas
vom Bild des Christus verwirklichen.

Das Geheimnis, daß etwas von der Herrlichkeit der zu-
künftigen Welt Gottes schon heute im Leben des Christen
offenbar werden darf, hat ein Bildhauer einmal so ausgedrückt: Das Entscheidende ist – warten können auf die
Stunde der Gnade.

Ich kann und brauche die zeichenhafte Christusähnlich-
keit in meinem Leben und in meinem Dienst nicht zu »machen«, zu organisieren oder zu managen. Ich darf darum
bitten und brauche nicht nervös zu werden, nicht aus
Angst, Überheblichkeit oder Minderwertigkeitsgefühlen
heraus handeln; weder im Blick auf mein eigenes kleines
Leben noch im Blick auf das Reich Gottes, das, so wichtig es
mir werden darf, doch nie von mir abhängig ist.

Das Eigentliche ist immer Geschenk. Gott gibt die Stunde, er öffnet die Tür, legt mir das Wort, auf das es ankommt, in den Mund. Er erwartet von uns nicht die große
Leistung, sondern daß wir unser Leben auf die Königsherr-
schaft Gottes ausrichten. Dann will er uns alles andere geben, »zufallen« lassen. Ich darf damit rechnen, daß mir zur
rechten Stunde das rechte Buch in die Hand kommt, die
treffende Formulierung gegeben wird, der rechte Mensch
begegnet, daß mir im entscheidenden Moment in Erinne-

rung kommt, was gerade dann gebraucht und gefordert wird.

Den Arbeitsmodus von Gott lösen lassen

Dr. Müller-Hilchenbach, einer der geistlichen Väter des Siegerlandes, hat, für einen bestimmten Aspekt unseres Dienstes, eine treffende Formulierung gefunden: »Wir dürfen uns im Blick auf unseren Arbeitsmodus von Gott selbst ablösen lassen.« Ich habe mich an diesem Satz immer wieder orientiert, denn ich hatte neben meinem Pfarrbezirk eine ganze Reihe von überparochialen Aufgaben wahrzunehmen, die über den Bereich der Ortsgemeinde weit hinausgingen: in der Synode, in Gemeinschaftsbewegung und Allianz, bei der Tersteegen-Konferenz und vielen anderen Tagungen. Dabei gerät man zwangsläufig in die Spannung zwischen der Kleinarbeit in der eigenen Gemeinde und den übergeordneten Diensten. Dann steht der Krankenbesuch bei Mutter X gegen die Festpredigt bei einem großen Jahresfest; man darf den einen einsamen Menschen in der Gemeinde nicht enttäuschen, aber kann nicht auch in der Einladung der Vielen ein Ruf Gottes verborgen sein?

Herbert Claus hat sich einmal auf einer Konferenz vorzeitig mit der Begründung verabschiedet: »Gott kann mich bei euch nicht segnen, wenn ich zu Hause meine Pflicht versäume.« Aber manchmal ist eben sehr schwer auszumachen, wo die Priorität liegt, und die daraus resultierenden Spannungen reichen nicht selten bis an die Grenze menschlicher Belastbarkeit. Gerade dann aber darf ich wissen: Ich brauche nicht dauernd zu wechseln, übereifrig und gehetzt hin- und herzuspringen; ich darf warten, bis Gott mich ablöst und in einem Rhythmus, den er festlegt, eins nach dem anderen tun. »Entscheidend«, sagt Dr. Müller, »ist demütig sein, aber zugleich unabhängig von menschlicher Meinung; es kommt letztlich allein auf die Wertung unter dem Gesichtspunkt der Ewigkeit an.«

Gerade weil alles, was wir tun, unter den Augen Gottes geschieht, halte ich die kleinen menschlichen Stützen, die unscheinbaren organisatorischen Hilfen für wichtig. Gerade weil bei mir jede Spur von Großartigkeit fehlt, erwähne ich sie; ich komme mit ein paar kleinen Tagebüchern und einem großen Zettelkasten aus.

Seit Jahr und Tag führe ich ein Geburtstags- und Gedenkbuch. Es enthält nach Daten geordnet die Geburtstage aller Freunde. Dazu kommen Silberhochzeiten, Goldene Hochzeiten und die Gedenktage der Verstorbenen. In den ersten Jahren schicke ich den Angehörigen zu diesem Tag gern einen Blumengruß. Trauernden tut es wohl, wenn man diese Daten nicht übersieht.

Daneben besitze ich einen Fürbittezettel, der seinen ständigen Platz im Losungsbuch hat. Darauf stehen zunächst die Namen all derer, die mich um Fürbitte gebeten haben. Darunter sind Menschen, denen ich im weiten Bereich meines Dienstes begegnet bin, Männer in den Kirchenleitungen, aber auch Journalisten von großen Zeitungen und aus den Rundfunkanstalten sowie Männer und Frauen in den Parlamenten. Wenn ich jemandem versprochen habe, für ihn zu beten, dann muß ich das auch halten.

Eine zweite Kategorie von Namen ergibt sich ohne unmittelbare Aufforderung; dazu gehören führende Politiker und Menschen, deren schwere Schicksale mir bekanntgeworden sind, vielleicht durch einen Briefwechsel im Anschluß an eine Rundfunkandacht. Den einen oder anderen Namen streicht man wieder, wenn ein Problem gelöst, ein Kranker gesund geworden ist. Manchmal werden Menschen einfach dadurch berührt und angesprochen, daß sie wissen: da ist einer, der denkt täglich vor Gott an mich. Oft fällt es ihnen schwer, das überhaupt zu begreifen. »Wie, und das tun Sie täglich für mich?« fragen sie.

Der christliche Philosoph Johann Georg Hamann hat gesagt: »Gott hat uns die Fürbitte verordnet, um uns die Würde der Ursächlichkeit zu schenken.« – Gott weiß doch, was der Mensch, für den wir bitten, braucht. Aber er will, daß wir es ihm sagen, und indem wir ihn darum bitten, werden wir zu »Mit-Verursachern« der Segnung, sind wir daran beteiligt.

Über dem Erinnern liegt noch in anderem Zusammenhang ein göttliches Geheimnis. In der Bibel ist immer wieder davon die Rede, daß ich Gott an seine Verheißungen erinnern darf. Als ob er die je vergessen hätte! Es ist doch nichts anderes als Barmherzigkeit Gottes, daß er sich wie ein Vergeßlicher von uns erinnern läßt. Denn indem wir ihn an die Verheißung erinnern, machen wir sie uns selbst neu bewußt und öffnen uns für ihre Einlösung in unserem Leben.

Die Ergänzung zu Gedenkbuch und Fürbitteliste bilden viele kleine Zettel aus dem Zettelkasten auf meinem Schreibtisch. Auf ihnen notiere ich Arbeiten, Verpflichtungen, Anrufe, die ich in den nächsten Tagen nicht vergessen darf; diese Zettel finden ihren Platz ebenfalls im Losungsbuch, den jeweiligen Tagen zugeordnet.

Ich weiß, daß die Fachleute jetzt mitleidig die Köpfe schütteln werden. Aber eine primitive Ordnung ist für mich mehr wert als das raffinierteste Organisationsschema, hinter dem ich doch dauernd atemlos herjapsen würde, weil es mich überfordert. Wer nur vier Töne spielen kann, braucht kein Klavier mit acht Oktaven; die vielen Tasten hindern ihn nur, die wenigen Töne, auf die es ihm ankommt, schnell und sicher zu finden.

Welches Organisationsschema wir benutzen, ist im übrigen sicher nicht entscheidend; aber man sollte einen Christen an einer weitgefächerten Aufmerksamkeit erkennen, mit der er anderen Menschen begegnet. Die Tatsache, daß wir hier oft versagen, sollte uns nicht hindern, uns immer neu darin zu üben.

Die Zettel im Losungsbuch sind lediglich Gedächtnisstützen. Sie werden ihren Zweck nur erfüllen, wenn ich in mir Raum und in meinem Tagesplan Zeit habe, um diese Anmerkungen in Liebe und Aufmerksamkeit umzusetzen. Versage ich hier, so wird die schriftliche Erinnerung auch dadurch nicht zu einem Impuls der Barmherzigkeit, daß sie auf einer modernen Hängekartei festgehalten ist.

Platzanweisung:
Wo meine Berufung zur vollen Auswirkung kommt

Ich lebe unter Gottes Augen. Was er von meiner Arbeit denkt, ist allein entscheidend. Bescheidene Organisationsmittel helfen mir, meine Tage zu ordnen, nichts zu übersehen. Und das alles spielt sich auf dem Platz ab, an den Gott mich gestellt hat.

In den langen Jahren russischer Gefangenschaft habe ich Gott immer wieder gebeten, mir einen Platz zuzuweisen, an dem meine göttliche Berufung voll zur Auswirkung kommen kann. Ich bin davon überzeugt, daß es entscheidend darauf ankommt, daß wir unser Leben der Führung Gottes anvertrauen; dazu müssen wir lernen, auf eigene Wege zu verzichten, auch wenn das schwer ist und manchmal mißlingt. Aber den Platz, an dem wir unsere Gaben voll zur Entfaltung bringen können, kennt letztlich eben nur Gott. Und nur an diesem Ort können wir wir selbst sein und müssen uns nicht dauernd ebenso mühsam wie vergeblich plagen, jemand anderes zu kopieren.

Es ist auch deshalb wichtig, daß wir wissen, wo wir hingehören, weil wir oft die seltsame Vorstellung haben, mit den Gaben eines anderen am Platz eines Dritten könnten wir erst so richtig zeigen, was alles in uns steckt: im privaten Bereich, im Beruf und vor allem im Reich Gottes. Ein französisches Sprichwort sagt: »In dem Garten, in den du gesät bist, da sollst du blühen.« Es geht um den Ort, an den ich gestellt bin, und den erkenne ich eben nur unter der Führung Gottes. Dieser Platzanweisung gilt es zuzustimmen; denn ich soll an diesem Platz nicht verkümmern, die dort gegebenen Möglichkeiten nicht versäumen, weil ich mich dauernd nach einem anderen Ort der Wirksamkeit sehne, sondern hier soll ich blühen und Frucht bringen, mit aller Freude, allem Ernst und aller Konsequenz. Um es mit Hudson Taylor zu sagen: »Es kommt darauf an, daß von Gott gerufene Menschen an dem von Gott bestimmten Platz mit den von Gott geschenkten Gaben Gottes Auftrag erfüllen.«

Nach der Weise von Paul Deitenbeck

Mir selbst ist das keineswegs immer leicht gefallen, vor allem in den Jahren, in denen ich viel mit Johannes und Wilhelm Busch zusammen war. Das waren Männer, die durch ihre Art beeindruckten, zu denen man aufsah. So wie sie, so wollte ich werden. Und dann dauert es gar nicht lange, bis man anfängt, die verehrten Vorbilder nachzuahmen.

Oft wird einem das selbst gar nicht bewußt, aber die anderen merken es. Eine Mitarbeiterin des MBK war glücklicherweise couragiert genug, mir freundlich, aber bestimmt die Leviten zu lesen: »Nun hängen Sie sich nicht an Johannes und Wilhelm Busch«, erklärte sie mir. »Natürlich sollen Sie sich von solchen Männern anregen lassen, aber Sie dürfen sich nicht auf fremde Vorbilder fixieren. Bleiben Sie Ihrer eigenen Art treu, und machen Sie Christus auf Ihre Weise groß, auf die Weise von Paul Deitenbeck.«

Manchmal wünschte ich, wir hätten mehr Leute, die uns immer wieder mit der Nase darauf stoßen, daß jeder von uns Christus auf seine eigene Weise groß machen soll. Gott will Originale, keine Kopien. Leider gibt es auch im Pietismus denselben Nivellierungsprozeß, den wir bei den Nichtchristen so hart kritisieren: es gibt sehr streng festgelegte Modellvorstellungen für das, was »man« als Christ tut und wie man es zu tun hat.

Natürlich gibt es christliche Grundprinzipien, nach denen wir uns alle zu richten haben; aber sie lassen viel Spielraum zu persönlicher Originalität, Raum, den wir zu wenig nutzen. Hier wird Christsein und christliche Gemeinde »langweilig«, weil wir von Gott gegebene Freiräume zur Entfaltung unserer eigenen christlichen Persönlichkeit nicht nutzen. Warum werden wir denn aufgefordert, daß jeder seines eigenen Glaubens gewiß sein soll, wenn wir doch nur beim Nachbarn abgucken, wie wir uns als Christen zu verhalten haben? Die christlichen Väter, deren Vorbild wir in Ehren halten, wollen uns ja gerade das sagen: daß wir ihnen nicht alles nachmachen, sondern daß wir, wie sie, den Freiraum unseres Christseins zur Entfaltung der individuellen Persönlichkeit nutzen sollen.

Ich liebe die Kirchengeschichte und lebe darin. Männer und Frauen, die durch die Jahrhunderte hindurch, in den unterschiedlichsten Verhältnissen, auf ihre Weise Glauben gelebt und vollendet haben, sind für mich ein Bild der »Ecclesia viatorum«, der Gemeinde derer, die unterwegs sind. Und als solche Weggefährten rufen sie mir zu: »Mach du in deiner Zeit auf deine Weise, was wir in unserer Zeit auf unsere Weise gemacht haben!«

Wieviel Mißverständnisse gibt es zwischen Gemeinde und Welt, weil wir Vorbilder, die einer vergangenen Epoche angehören, in Verhalten und Sprache kopieren und uns dann wundern, wenn unsere Zeitgenossen uns nicht verstehen. Die Väter würden den Kopf schütteln; denn sie würden heute in vielen Dingen anders handeln und anders leben, um genau das zu erreichen, was sie zu ihrer Zeit erreichen wollten und erreicht haben. Sie würden heute anders handeln, um das gleiche Ziel zu erreichen; wir handeln wie sie damals, ohne die eigenen Möglichkeiten und die veränderte Zeitsituation genügend zu berücksichtigen, und erreichen das Ziel oft nicht.

Gemeinde unterwegs orientiert sich nach vorn. Die Bibel fordert uns auf, an unsere Lehrer zu denken, nicht nur an Professoren und kluge Leute, sondern auch an die Arbeiter und Handwerker, die uns das Einmaleins des Glaubens beigebracht haben. Aber wir sollen nicht ihr Verhalten, sondern ihren Glauben nachahmen. Und Glaube wird im Heute konkret. Glaube richtet sich auf Jesus – und der will jeden von uns als ein Original.

Wenn jeder von uns Christus auf die ihm gegebene Weise groß macht – das muß wie ein Sprengsatz sein, der uns zu uns selbst und auf Christus hin befreit. Jesus geht mit mir einen Weg, der mir entspricht, ganz allein mir. Das führt zu einer innersten Lebensgemeinschaft, die ich letztlich mit niemandem mehr teile, die mich aber die gleiche Individualität des Bruders achten läßt.

Es kann schon sein, daß ich einiges nicht so tue, wie »man« es tut. Aber je mehr wir alle zur Originalität befreit werden, um so weniger Probleme werden wir miteinander haben, um so großzügiger werden wir die Andersartigkeit des anderen respektieren können. Letztlich sind wir nicht den anderen und schon gar nicht dem »man« verantwortlich, sondern wir stehen und fallen allein unserem Herrn.

Daß ich Christus auf die Weise von Paul Deitenbeck groß mache – dazu gehört, daß ich schon mal ein Glaubenslied singe, wo das nicht üblich ist: auf der Straße, mitten in der Predigt auf der Kanzel, nach dem Gottesdienst an der Kirchentür. Das soll nur ja keiner nachmachen, zu dessen Wesen das nicht paßt. Aber wer bereit ist, mir meine Art zu lassen, wie ich ihm die seine lasse, der wird dann vielleicht den Kopf schütteln, doch zu ärgern braucht er sich nicht.

Einmal sang ich aus vollem Herzen und nicht eben leise nach dem Gottesdienst vor der Kirche noch ein Lied. Der Präsident des Landeskirchenamtes Bielefeld war da, und Oberkirchenrat Rudolf Schmidt erklärte ihm: »Daran müssen Sie sich gewöhnen, bei Paul Deitenbeck kann das schon mal vorkommen.« Mittlerweile genieße ich eine Art Narrenfreiheit. Mir soll es recht sein; die Narren an den mittelalterlichen Fürstenhöfen waren manchmal die einzigen, die es riskierten, sie selbst zu sein, sich gegen die Etikette bei Hof – gegen das, was »man« tat – zu behaupten und die Wahrheit zu sagen.

Bei Veranstaltungen hin und her im Land sind meine Tochter Magdalene und ich verschiedentlich als »Singeteam« aufgetreten. Und das hat wieder seine eigene Geschichte. Es begann auf einer Allianzkonferenz in Süddeutschland, wo Magdalene und ich im Vorprogramm der Schlußveranstaltung das Lied: »O Heiland, fülle meinen Tag« sangen. Damals wurde es so still in der großen Halle, daß wir beide ganz betroffen waren. Anschließend haben mich mehrere Teilnehmer darauf angesprochen, und der frühere Präses Hermann Haarbeck meinte: »Das solltest du öfters machen, zusammen mit deiner Tochter singen.« Ermutigt durch dieses Erlebnis haben wir das dann auch getan: in der Hammerhütte, bei Glaubenskonferenzen und anderen Zusammenkünften.

Zur Weise von Paul Deitenbeck gehört auch die »Königskasse«, das ist der »Opferkasten«, den meine Frau und ich benutzen, der aber auch von vielen anderen mit aufgefüllt wird. Viele Christen handeln ähnlich, nur geben sie ihrem Unternehmen einen bescheideneren Namen. Aber bezüglich der Königskasse bin ich nun einmal nicht bescheiden; durch sie ist schon so mancher Betrag zur Unterstützung von Mission, Evangelisation und Diakonie hindurchgegangen, vor allem aber, um einzelnen eine Freude zu bereiten. Es gibt manche Bestätigung, die mir zeigt, daß ich damit auf dem rechten Weg bin. Damit meine ich weniger die Menschen, die mir zu diesem Zweck größere Beträge zur Verfügung stellen, ohne daß ich auch nur ein Wort zu ihnen sage; aber wenn ich morgens aus dieser Kasse einen bestimmten Betrag für eine Aufgabe im Reich Gottes ausgebe und am selben Abend die gleiche Summe von jemand anderem wiedererhalte, dann ist das für mich schon ein Zeichen. Natürlich geht das nicht immer so, aber es ist schon oft vorgekommen.

Pedaltheologie: Haus- und Krankenbesuche

Ein Pfarrer in Westfalen hat mich einmal darauf angesprochen, ob ich wisse, daß eine der wichtigsten Theologien die »Pedaltheologie« sei: die Hausbesuche. Nun läßt sich das selbst dann leichter sagen als in die Tat umsetzen, wenn man aus der Pedaltheologie eine Gas-Pedaltheologie macht und Haus- und Krankenbesuche mit dem Auto absolviert. Der Pfarrer ist heute nun einmal die kleinste Kirchenleitung, ob ihm das gefällt oder nicht. Und es gehört viel Zucht, Konzentration und Opfer dazu, unter diesen Umständen wenigstens ein Mindestmaß an Besuchsdienst aufrechtzuerhalten.

Aber die Zeit ist keineswegs das einzige Problem, mit

dem der Pfarrer dabei zu kämpfen hat. Bei einem Vikariats-
kurs in Lüdenscheid fragten die Vikare: »Was sollen wir
denn eigentlich bei den Hausbesuchen sagen? Die Leute
wollen ja doch nur vom Wetter reden.« – Nun kann ein Ta-
gesereignis durchaus den Anknüpfungspunkt bilden. Es
kann auch sein, daß mir einmal nichts anderes aufgetragen
ist, als still zuzuhören; aber grundsätzlich mache ich Besuche, weil ich etwas ganz anderes anzubieten habe. Ich verkaufe doch nicht einfach Schnürsenkel! Mein Gespräch und
mein Besuch als Seelsorger haben letztlich nur Sinn, wenn
es mir gelingt, die Botschaft von Jesus in unser Gespräch
einfließen zu lassen.

Den Vikaren habe ich gesagt, was ich auch mir selbst sage: »Habt den Mut, den Menschen die Fremdartigkeit des
Evangeliums zuzumuten; denn ihr könnt die Menschen für
die Botschaft ohnehin nicht aufschließen. Das muß der Heilige Geist tun.« Das entbindet mich nicht davon, taktvoll
vorzugehen und zu überlegen, wie ich die Nachricht von Jesus in der rechten Weise ausrichten kann. Aber im Vertrauen auf das Wirken des Heiligen Geistes habe ich den
Mut, die Menschen mit dem Evangelium zu konfrontieren,
und wenn ich vielleicht nur ganz schlicht sage: »Wir haben
doch Jesus alle viel zu danken.«

Allerdings trägt diesen Mut keiner in der Aktentasche
bei sich. Man muß ihn immer neu erbitten. Einmal traf ich
auf dem Weg zum Kreiskrankenhaus den mir befreundeten
Pfarrer Walter Gayk. Ich wollte ein paar Besuche auf der
Männerstation machen, und da kann es einem durchaus
passieren, daß man das Herz nicht mehr da schlagen fühlt,
wo es hingehört, sondern einige Etagen tiefer. Damals hat
Walter Gayk mir mit einem Wort von Wilhelm Löhe Mut
gemacht: »Paul«, rief er mir zu, »schäme dich nicht, zu tun,
was deines Amtes ist!«

Man hat in einem solchen Krankensaal oft wenig Zeit.
Es braucht nur eine Schwester zu kommen, die einem Patienten eine Injektion machen muß, schon ist man wieder
draußen. Daher sollte man sich mit den Fragen nach der
Verdauung und der Fieberkurve, so wichtig sie sind, nicht

allzu lange aufhalten. Ich bitte in solchen Fällen darum, daß ich aus der Überlegenheit des Glaubens und der Liebe heraus die Freiheit bekomme, meinen Spruch zu sagen.

Ich grüße den Kranken freundlich, bringe bei gegebenem Anlaß eine Kleinigkeit mit, etwa ein Blümchen, eine Tafel Schokolade, eine Erfrischung, dazu ein christliches Verteilblatt. Meist singe ich ein Lied, lese ein Bibelwort und bete. Und eingedenk der Mahnung Volkenings, daß man Krankenbesuche nicht über fünf Minuten ausdehnen soll, verabschiede ich mich dann bald, falls der Kranke mir nicht zu verstehen gibt, daß er ein längeres Gespräch wünscht.

Gerade beim Krankenbesuch wird sich unsere theologische Substanz zeigen. Man hat manche liberalen Theologen mit Kaninchen verglichen: Sie könnten zwar die Kohlblätter abfressen und sehr geschickt Gänge und Höhlen in einen Wiesenrand graben – Analysen aufstellen und philosophische Betrachtungen daran anknüpfen –, aber beim Gespräch angesichts des möglichen Todes offenbare sich ihre Hilflosigkeit; sie hätten das Evangelium durchlöchert und abgenagt, so daß es seine entscheidende Substanz, die Kraft zum Leben und die Kraft zum Sterben, eingebüßt habe.

Wahrheit am Krankenbett

Damit stoßen wir auf eines der schwierigsten Probleme, das dem Seelsorger beim Krankenbesuch begegnen kann: die Frage nach der Wahrheit am Krankenbett. Ich selbst bin da, vor allem bei »unheilbar« Kranken, sehr behutsam geworden. Zwar muß alles, was ich sage, wahr sein; aber ich kann nicht immer alles sagen, was wahr ist; ich muß auch fragen, was ich dem Kranken zumuten darf und was er ertragen kann. Ein gläubiger Arzt hat mir einmal erzählt, daß ein Patient, ebenfalls ein Christ, ihn aufgefordert habe, ihm offen die Wahrheit zu sagen. Der Arzt ist der Bitte nachgekommen und hat jenem Patienten eröffnet, daß er an Krebs leide. Dieser aber ist damit nicht fertiggeworden, und sein Leben verfiel von Stund an zusehends der Resignation.

Andererseits weiß ich von einer Christin, deren Arzt ihr

die gleiche Mitteilung machte. Diese Frau hat darauf sehr gefaßt reagiert und in die vom Arzt vorgeschlagene Behandlung eingewilligt. Um sicher zu gehen, daß kein Mißverständnis vorliege, hat der Arzt für den nächsten Morgen die Kinder jener Frau zu sich bestellt, doch die haben ihm bestätigt: »Unsere Mutter ist im Glauben so gefestigt, daß sie den Befund gefaßt aufnehmen konnte.«

Zwei Krankheitsfälle, in beiden handelt es sich um Christen, und doch begegnen wir völlig unterschiedlichen Reaktionen. Wir haben in beiden Fällen kein Urteil zu sprechen; hier können neben dem Glauben viele Faktoren mitspielen. Aber wir dürfen daraus lernen, auf die jeweilige Situation eines Kranken Rücksicht zu nehmen. Christen sind auch in dieser Beziehung keine Helden, der Sieg Gottes kann sich bei ihnen im gefaßt ruhigen, ja feierlichen Heimgang, aber auch in tiefstem Schmerz und bitterster Qual offenbaren.

Das Herz liebt die Wiederholung

Als Seelsorger am Krankenbett darf man aber auch positive Erfahrungen machen. Ich habe einen Kranken betreut, der, bereits vom Tod gezeichnet, monatelang das Bett hüten mußte. Dieser Mann ließ jeden Morgen die Schallplatte mit meiner Predigt vom ersten Gemeindetag in Dortmund ablaufen. Ihre drei Leitsätze lauteten: »Jesus ist da – Jesus ist für mich da – Jesus ist für mich für immer da! Das hat jener Kranke sich jeden Morgen neu ins Gedächtnis gerufen.

An diesem Beispiel hat sich für mich das Wort der Schriftstellerin Esther von Kirchbach bestätigt: »Der Verstand liebt die Abwechslung, das Herz die Wiederholung.« Es will die Tatsache der Liebe Gottes täglich neu bestätigt bekommen. Und das gilt keineswegs nur für Kranke. Deshalb sind Kassette und Tonband im Dienst der christlichen Verkündigung so wertvoll; sie ermöglichen es, Predigten, Texte, Lieder, die uns wichtig geworden sind, immer wieder zu hören.

In der Gemeinde der Kreuzkirche gibt es eine Reihe von Mitarbeitern, die von sich aus Gottesdienste und Bibelstunden auf Tonbandkassetten aufnehmen und zu den Alten und Kranken bringen. Die können dann nicht nur die Predigt, sondern die gesamte Atmosphäre des Gottesdienstes mit Gesang und Liturgie miterleben. Manche Kassetten und Tonbänder finden ihren Weg bis nach Afrika, werden vervielfältigt und wieder an andere weitergegeben, so daß hier eine Multiplikation der Predigt entsteht, die sich der Kontrolle des Predigers längst entzogen hat.

Manchmal scheuen wir uns, in einer Predigt oder Andacht bestimmte biblische Kernsätze mehrfach zu wiederholen; vom intellektuellen Standpunkt aus halten wir das für ermüdend und langweilig. Aber die Gemeinde hört nicht nur mit dem Verstand, sondern auch mit Herz und Gemüt.

Eine bestimmte Feierstunde würde ich manchmal gern mit den gleichen Menschen ein Jahr später noch einmal wiederholen; im gleichen Raum, mit demselben anschließenden Festmenü. Es würde trotzdem nicht dasselbe sein, denn alle Beteiligten haben sich zwangsläufig verändert. Es läßt sich nichts festhalten, aber Wiederholung ist etwas Tröstliches in dieser vergehenden Welt.

Nur Glied in einer Kette: ein oft unterbewerteter Aspekt christlichen Zeugnisses

Einer mir völlig unbekannten Dame habe ich einmal lediglich geholfen, die Koffer zu tragen. Ich sah, wie sie sich mit ihren schweren Gepäckstücken abmühte, und sprang hinzu. Es kostete mich ein paar hundert Meter Umweg und ein schweißdurchnäßtes Hemd, das war alles. Beim Abschied meinte sie: »Kavaliere findet man heute selten.« Ich antwortete darauf nur: »Wissen Sie, wir haben Jesus alle viel zu danken.«

Vielleicht empfinden das viele als reichlich wenig, aber ich habe den Eindruck, daß wir manche Möglichkeit zum Zeugnis verpassen, weil wir immer auf die Gelegenheit warten, in der wir den Leuten den ganzen Heilsplan Gottes erklären können. Das kommt mir so ähnlich vor, als wenn eine Hausfrau, die einen Kuchen backt, meint, sie müsse den Weizen selbst säen, ernten und mahlen, um das Mehl für ihren Teig zu bekommen, und wegen des bißchens Milch, das ebenfalls dazugehört, eine eigene Kuh halten.

Ich denke anders über das Glaubensgespräch, für mich ist es – um im Bild zu bleiben – Gott, der den Kuchen bäckt; wer wollte sich denn selbst zutrauen, einem anderen Menschen die Schönheit Jesu hinreichend zu beschreiben? Ich habe also nur das Meine beizutragen und darf damit rechnen, daß Gott diesem Menschen das nächste Mal durch einen anderen Christen begegnet, daß ich nur Glied in einer Kette bin. Das macht mich frei, die kleinen Chancen zu nutzen und die oft bescheidenen Möglichkeiten viel unbeschwerter einzusetzen.

Ich verstehe vom Fußballspielen wenig, aber das Bild gefällt mir: Da läuft der Ball über viele Stationen, von Spieler zu Spieler, und nur einem gelingt der Torschuß – der aber wäre ohne die vorausgegangene Ballstafette unmöglich gewesen. Bei manchen Menschen fällt der entscheidende »Torschuß« vielleicht in einer Evangelisation, im Nachgespräch zu einer Predigt, aber viele kleine Erlebnisse haben sie darauf vorbereitet. Manchmal versäumen wir es, den Ball weiterzureichen, den kleinen Beitrag zu leisten, weil wir uns gern selbst in die Torschützenliste eintragen möchten, ohne daß die Situation bereits reif dafür ist; oder weil wir meinen, Gott verlange von uns um jeden Preis einen Torschuß, obwohl er nur einen Steilpaß erwartet.

500 000 »Jesus lebt«-Abzeichen

Eine solche kleine Möglichkeit ist unser »Jesus lebt«-Abzeichen, von dem in Europa inzwischen über 500 000 Stück verbreitet worden sind. Der Gedanke kam mir anläßlich der Billy Graham-Evangelisationen, als so viele Menschen nach vorn gingen und seelsorgerlich betreut wurden. Damals suchte ich nach einer Möglichkeit, die es vor allem jungen Menschen erleichterte, sich als Christen zu erkennen zu geben; denn es ist ja nicht jeder so veranlagt, daß er gleich mit anderen über seinen Glauben sprechen kann.

Nun gab es schon genug Abzeichen, aber sie wiesen alle auf einen christlichen Kreis hin; ich suchte ein Motto, das alle Christen verbinden konnte. Schließlich kam ich auf den Satz: »Jesus lebt«, der ein kurzgefaßtes christliches Glaubensbekenntnis darstellt. Zuerst dachte ich, man könnte daraus einen poppigen runden Knopf machen, aber davon bin ich wieder abgekommen. Lüdenscheid ist dafür bekannt, daß hier Abzeichen hergestellt werden; also habe ich mir von einer Firma Entwürfe machen lassen. So entstand eine schlichte, sachliche, keiner Mode unterworfene Anstecknadel. Ich bat Gott, die Sache zu bestätigen, wenn sie seinem Willen entspräche, oder sie zunichte zu machen. Und dann erlebte ich zu meiner Überraschung, daß ganze Jugendgruppen, Gebets- und Schülerkreise dieses Abzeichen anforderten. Junge Menschen schrieben mir von ihren Erfahrungen. Viele wollten einfach auch nach außen hin zu erkennen geben, daß sie nun zu Jesus gehörten. Manchmal wurden sie aufgrund des Abzeichens angesprochen, und dann war es an ihnen, Rechenschaft von ihrem Glauben abzulegen, so gut sie es eben konnten.

Auch Erwachsene fanden diese Möglichkeit hilfreich; es war ihnen klargeworden, daß sie sich nun freischwimmen mußten. Sie wollten klarstellen, wo sie hingehörten. So wurde dieses kleine Stück Metall in ganz Europa verbreitet. Inzwischen gibt es auch eine englische und eine indonesische Ausgabe, und in ähnlicher Form ist das Abzeichen auch in Afrika anzutreffen.

Traktat und Zigarillo

Nun ist das mit dem Glaubensgespräch für einen Pfarrer so eine Sache. Einmal hat er nicht selten genauso viele Hemmungen, muß sich genauso überwinden wie andere Leute; und wenn es ihm schließlich gelingt, dann heißt es: »Der muß ja, er wird dafür bezahlt.« Und der Herr Pastor kann dann mitnichten seinen Anstellungsvertrag aus der Tasche ziehen und den Leuten erklären, wozu er laut kirchlicher

Ordnung verpflichtet ist und wozu nicht. Ein Pfarrer kann auf der Straße seine christliche Glaubwürdigkeit keineswegs leichter unter Beweis stellen als ein Christ seiner Gemeinde.

Nun werden sicher einige sagen, daß es nach der Weise von Paul Deitenbeck vielleicht doch ein wenig leichter gehe. Ich will das nicht in Abrede stellen, weil ich nicht in der Lage bin, die Schwierigkeiten anderer zu beurteilen und mit meinen eigenen zu vergleichen.

Jedenfalls habe ich mir angewöhnt, immer ein paar Verteilblätter in meinen Taschen zu haben. Einmal traf ich unterwegs auf eine Baustelle. Arbeiter waren damit beschäftigt, am Straßenrand einen Graben auszuheben. Ich kletterte zu ihnen hinunter und drückte jedem ein Verteilblatt und ein Zigarillo in die Hand. Einige Zeit später war ich bei einem Tiefbauunternehmer zu Besuch, und dieser erzählte mir, daß einer seiner Arbeiter ihm auf sauerländer Platt, das ich hier nur andeutungsweise wiedergeben kann, von dieser Begebenheit berichtet habe: »Nu haert hei mi dei Zigarre egavt, nu mout ick ut Aanstand dat Blaa ouk laesen« (= »Nun hat er mir die Zigarre gegeben, nun muß ich das Blatt anstandshalber auch lesen«).

Zigarillo hin, Zigarillo her – das Prinzip, das sich dahinter verbirgt, ist für mich ein seelsorgerlicher Aspekt. Ich verteile doch nicht die Prospekte einer Möbelfirma, ich kann Arbeitern in der Baugrube aber auch keine lange Rede halten. Dann, meine ich, verstünden sie mich am schnellsten, wenn das Evangelium gewissermaßen »zweispännig« fährt: durch Wort und Tat.

Und damit bin ich bei einem meiner Lieblingsthemen.

Verleiblichung – Ziel aller Wege Gottes

Jesus Christus, so sagt die Bibel, ist »das Wort«. Aber dieses Wort nahm menschliche Gestalt an, verkörperte sich in Fleisch und Blut. Und gerade in dieser Verleiblichung wird das Wort zum Abglanz göttlicher Herrlichkeit und zum Ebenbild göttlichen Wesens. »Wir sahen seine Herrlichkeit«, staunten die Jünger. Eigentlich sollten wir uns das immer bewußt machen, wenn wir den Namen Jesus Christus aussprechen: im Menschensohn »Jesus« findet der »Christus«, der Gesalbte Gottes, in dieser Welt vollendeten Ausdruck: in dem, was er sagt, aber eben auch in dem, was er tut und wie er lebt. Jesus ist Gott in der Gestalt eines Menschen, und dieser Mensch ist vollkommene Schöpfung Gottes.

Wenn Jesus Christus in das Leben eines Menschen eintritt und in ihm Gestalt gewinnt, dann ist das im Grunde wiederum nichts anderes als Fleischwerdung, Inkarnation; dann macht er uns eben nicht nur zu einem Sprachrohr des Evangeliums, sondern er gestaltet uns zugleich in sein Bild und d.h. in sein Wesen; er wird durch uns nicht nur hörbar, sondern in unserem Leben sichtbar und spürbar.

Auch wenn wir das, was da an Umwandlung in unserem Leben geschieht, als noch so bruchstückhaft empfinden, es ist nichtsdestoweniger Wirklichkeit. Und wenn wir eines Tages Christus begegnen, wie er ist, und als Folge ihm gleich sein werden – so bedeutet auch das nicht, daß wir uns in absolute Geistlichkeit auflösen, sondern dann wird die vollkommene Verwandlung in einer neuen Leiblichkeit Ausdruck finden; denn der Gottessohn ist zugleich Menschensohn, er ist der »zweite Adam«, und das heißt, er ist »vollkommener Mensch«.

Diese Überlegung führt für mich zu einem konkreten Ergebnis: Gott offenbart sich hier und heute in meinem Menschsein, wie er sich auf vollkommene Weise in dem Menschen Jesus offenbart hat; denn Jesus setzt unsere Sendung in die Welt mit seiner Sendung gleich: »Gleichwie der Vater mich gesandt hat, also sende ich euch.« Die Verwandlung in das Bild Christi, die der Heilige Geist an mir vornimmt, vollzieht sich in meinem Menschsein, offenbart sich mit Hilfe meiner Leiblichkeit.

Wir haben nicht nur einen Mund, wir haben Hände und Füße und damit unzählige Möglichkeiten, anderen wohlzutun, unser Wort zu unterstreichen, unser Christsein glaubhaft zu machen. Und das geschieht nicht in großen Programmen, sondern in kleinen, alltäglichen Handgriffen und Tätigkeiten.

Grüße sind Segnungen

Wenn Menschen aus unserem Bekanntenkreis ins Krankenhaus kommen, so schicke ich ihnen gern schon am ersten Tag einen Gruß, damit sie bereits bei der Ankunft merken, daß sie nicht allein sind, daß der Kontakt zu den Freunden auch jetzt aufrechterhalten bleibt. Nach der Operation stellen wir ihnen einen kleinen Blumenstrauß auf den Nachttisch, dazu eine Karte mit einem Bibelwort. Wir sind doch alle Menschen und keine Glaubensmaschinen.

Überhaupt die persönlichen Kartengrüße: sie sind so schnell geschrieben, kosten wenig, und doch – was für ein Defizit an spürbarer Liebe entsteht oft aus Schreibfaulheit oder Gedankenlosigkeit, oder weil wir uns durch gedruckte Routinegrüße zu Weihnachten und Neujahr den persönlichen Kartengruß vergällen lassen (obwohl er damit überhaupt nichts zu tun hat).

Erich Schnepel fand, wenn er an einem fremden Ort evangelisierte, jedesmal bereits die Karte eines Oberwachtmeisters an einer brandenburgischen Strafanstalt vor, ein mutmachendes Zeichen brüderlicher Verbundenheit; vielleicht nur mit einem Gruß, einem Satz versehen: »Ich will während der vierzehn Tage Ihrer Evangelisation Ihre stille Reserve sein.« Wer wäre nicht für solche »Reserven« dankbar, auch wenn er keine Evangelisation zu halten, sondern nur seinen täglichen Pflichten nachzugehen hat?

Warum machen Sie nicht einen verregneten Urlaubstag zum vielleicht schönsten Ihrer ganzen Ferien? Wir klagen so oft, daß es uns schwerfällt, für andere Menschen zu beten. Hier haben wir Zeit, uns mit guten Gedanken unserer Freunde zu erinnern und dem mit einer einfachen Ansichtskarte Ausdruck zu verleihen. Es gibt so viele Leidtragende, Einsame und Angefochtene in unserer Umgebung, denen jedes kleinste Zeichen des Gedenkens neuen Mut gibt.

Ich habe das nach der Weise von Paul Deitenbeck vielleicht manchmal übertrieben, und meine Frau schritt energisch ein, als die Zahl der aus einem Urlaub verschickten Kartengrüße zu groß wurde. Aber ich habe nicht den Eindruck, daß wir hier allgemein gefährdet sind.

Übrigens fand ich für die eingeschränkten Kartengrüße einen überaus befriedigenden Ersatz. Wir verbringen unseren Urlaub seit vielen Jahren an der See, und ich habe da ein Geschäft entdeckt, das auf den Versand von Aalen spezialisiert ist. Man braucht gar nicht viel zu tun, die Leute besorgen alles. Seitdem verschicke ich Aale. Ohne alles Brimborium: Herzliche Grüße, Euer, Punkt.

Der Schriftleiter einer bekannten Zeitschrift schrieb mir daraufhin einmal: »Das will ich mir tief ins Herz brennen, was für eine Wohltat so ein Gruß sein kann, wenn man selbst am Boden liegt.«

Die Schönheit des Lebens, die Schönheit des Christseins kann sich in kleinen, nahezu unscheinbaren Bezügen entfalten; auch hier sind es die vielen kleinen Münzen, die sich zu Reichtum addieren.

Einmal habe ich dem Chefarzt eines Krankenhauses eine Tafel Schokolade geschenkt. Natürlich konnte er sich selber hundert kaufen, aber wissen Sie, was er gesagt hat? »Sie glauben gar nicht, wie ich mich darüber freue, daß Sie mir die geben.«

Die Schokolade war's sicher nicht; vielleicht hielt er sie sogar für ungesund. Aber daß ihn einer mit noch so bescheidenen Mitteln als Mensch ernst nahm, das ist an diesem Mann nicht spurlos vorübergegangen.

Als unsere kleine Annette über ein Jahr lang schwer krank war, hat uns der Frauenarzt Dr. Uellner sein modernes Kurzwellengerät zur Verfügung gestellt und sich selbst mit einem älteren beholfen, ohne daß darüber viele Worte gewechselt worden wären. Es bedurfte ihrer auch nicht, meine Frau und ich wußten genau, was gemeint war.

Kurt Heimbucher hat, als er noch Gemeindepfarrer war, bei einem Abend mit den Eltern seiner Konfirmanden jeder Mutter eine Rose geschenkt. Am nächsten Tag war Muttertag. Darüber haben die Frauen in der Gemeinde noch jahrelang gesprochen.

Für die Vorweihnachtszeit haben wir uns etwas anderes einfallen lassen; da verschenken wir Christstollen. Wie soll ich denn sonst manchem Mitbürger begreiflich machen, daß der Pfarrer in seiner Straße nicht nur predigen, sondern Liebe Gottes konkret weitergeben möchte?

Verleiblichung ist nicht nur das Ziel der Wege Gottes; im Grunde darf all unser Dienst Nachvollzug der Menschenfreundlichkeit Gottes sein, die in Jesus Christus sichtbaren Ausdruck findet. Weil Gott für uns Mensch wurde, dürfen auch wir unserem Nächsten zum mutmachenden, helfenden Menschen werden. Glaube und Liebe, hat Luther gesagt, sind zwei Seiten derselben Münze.

Anstöße

Dabei müssen wir weder in den kleinen Dingen der Liebe noch in anderen Bereichen unseres Dienstes auf alle guten Gedanken selbst kommen. Oft stößt uns Gott durch andere mit der Nase darauf, wenn wir nur bereit sind, auf solche Nasenstüber zu achten.

In meinem eigenen Dienst sind viele Dinge durch Anregungen von außen ausgelöst worden. Ich war gar nicht so schlau, klug und erfinderisch; in vieles bin ich hineingeschoben und -gestoßen worden.

Einem Berliner Kaufmann, meinem Freund Wilhelm Hahn, ist auf unseren Freizeiten aufgefallen, daß ich viele Zitate und Liedverse auswendig kannte. »Wie wär's«, schlug er vor, »wenn du die einmal sammeln und als kleines Heft herausgeben würdest?« Begünstigt durch die Tatsache, daß ich immer eine Schwäche für Zitate hatte, die ich gewissermaßen für »eingeweckte Erfahrungen der Väter« halte, entstand so das Heft »Schlüsselbund«.

Einem Lüdenscheider Kaufmann verdanke ich die Anregung zu dem Büchlein »Botschafter von der anderen Seite«. Oft bin ich von außen auf Dinge hingewiesen worden, die mich selbst schon lange bewegt und beschäftigt hatten.

Auch die Idee zu diesem Buch stammt keineswegs von mir, sondern geht auf eine Anregung meines langjährigen Freundes Rolf Brockhaus zurück. Wir sind beide lange in russischer Kriegsgefangenschaft gewesen, haben uns anschließend kennengelernt und dann viele Jahre im Hauptvorstand der Allianz zusammen gearbeitet. Er hat mich immer wieder aufgefordert, meine Erfahrungen und Erinnerungen in einer Biographie zusammenzufassen, aber ich habe etwas gegen den stillen Glanz unangefochtener Heiligkeit, den solche Bücher oft ausstrahlen und damit beweisen, daß sie nur einen Teil der Wirklichkeit darstellen. Ich habe Angst, gleicher Versuchung zu erliegen. Aber der Anstoß war da, und ich kann nur hoffen, daß der nun gefundene Weg den erwähnten Gefahren keinen Vorschub leistet.

»Bitte nicht mit der Mistgabel am Auge«
Notizen zum Thema Seelsorge

Die auf die Seelsorge bezogene Mahnung, nicht mit der Mistgabel am Auge zu operieren, stammt von dem freikirchlichen Prediger Erwin Bohle, und der hat genau gewußt, was er damit sagen wollte. Ein erfahrener Seelsorger in Männedorf in der Schweiz hat mir mit seinen Worten das Gleiche bestätigt: »Um eine Fliege zu töten, soll man keine Fensterscheibe einschlagen.«

In der Politik nennt man das die Angemessenheit der Mittel, und die Seele eines Menschen ist ein ebenso zartes wie kostbares Gebilde. Wer einen Fuß amputiert, um ein Hühnerauge zu entfernen, ist ein schlechter Arzt; und es gibt auch weniger gute Seelsorger.

Die Wahrheitsfrage z.B. stellt sich nicht nur am Krankenbett, sie spielt in der Seelsorge allgemein eine wesentliche Rolle. Es gehört oft viel Weisheit dazu, um zu erkennen, wo ich einen Beichtenden dazu aufzufordern habe, seine Verfehlungen auch anderen gegenüber auszusprechen. Wenn sein Bekenntnis bei Dritten Schaden anrichten kann, bin ich vielleicht dazu gerufen, die Last des Beichthörens allein zu tragen, das Gehörte im Grab der Vergessenheit zu verschließen und dem Beichtenden anstelle des durch seine Verfehlung Geschädigten die Vergebung zuzusprechen.

Hier spielt herein, was ich als »ganzheitliche Seelsorge« im christlichen Alltag bezeichnen möchte. Ich kann einen Menschen doch nicht zerteilen; in allem, was er sagt und tut, ist (oder fehlt) Seelsorge, Zeugnis, Verkündigung, Nächstenliebe und tatkräftiges Zupacken für den anderen. Ich möchte weder mich selbst noch den »homo christianus«, den Christenmenschen schlechthin (den es in dieser Pauschalität gar nicht gibt) auf den Operationstisch zerren und sezieren. In allem, was wir tun, ist Seelsorge, und nicht nur Pfarrer und Pastoren, sondern alle Christen haben einander seelsorgerlich zu helfen.

Seelenlage und Glaubensleben

Das ist mir durch meinen Freund Gerhard Bergmann in der Seelsorge wichtig geworden: daß die Grenze zwischen Natur und Gnade, d.h. zwischen Natur und Heiligung, nur Gott bekannt ist. Wir halten leicht jemanden für demütig, nur weil er von Natur aus bescheiden und zurückhaltend veranlagt ist; der kommt nie auf »achtzig«, sein Temperament kocht nicht über wie das des Jähzornigen und Unbeherrschten.

Erich Schnepel hat unseren Berliner Bibelkreis einmal mit dem Ausspruch schockiert: »Die Engel im Himmel werden sich freuen über einen Bruder, der einem anderen eine Ohrfeige herunterhaut.« Entsetzte Stille, erschrockene Augen ringsum; daraufhin erklärte Schnepel: »Weil dieser Mann den anderen seinem Naturell nach erschlagen hätte. In einem solchen Fall ist eine Ohrfeige bereits ein Sieg Gottes.«

Seelenlage und Glaubensleben dürfen nicht verwechselt werden. Mancher Christ neigt von Natur aus zu Ängstlichkeit oder zum Jähzorn. Als Folge erweckt er den Eindruck, weniger geheiligt zu sein als ein anderer, der über ein ruhiges und ausgeglichenes Wesen verfügt, obwohl dies ja keineswegs sein Verdienst ist.

Meine Mutter war eine schüchterne und bescheidene Frau, eine treue Priesterin, die aber nie gewagt hätte, in der Öffentlichkeit zu beten. Ich habe oft beobachten können, wie sie auch tagsüber vor ihrem Bett im Schlafzimmer gekniet hat, aber in einer Gebetsstunde hätte sie kein Wort über die Lippen gebracht. Sie hat sehr darunter gelitten, daß sie von anderen deswegen immer wieder kritisiert wurde.

Zum äußeren Erscheinungsbild eines Christen

Ich hätte bestimmt nicht die geringste Chance, zu den bestgekleideten Männern Deutschlands gerechnet zu werden, und ich werde sicher auch nie Krawattenkönig. Doch ich sage einem anderen gern: »Du hast aber heute einen schönen Anzug an.« Oder: »Sie sind aber heute schick gekleidet.« – »Oh«, sagen die Leute dann, »haben Sie dafür etwa auch einen Blick?«

Warum sollte ich eigentlich nicht? Es gehört doch nicht zu den Kennzeichen echten Christseins, mit schmutzigem Kragen, bekleckerter Weste und ungeputzten Schuhen herumzulaufen. Christen dürfen adrett gekleidet sein; wenn sie sich selbst als Bettler bezeichnen, so geschieht das in völlig anderem Zusammenhang.

Auch irdische Gaben sind Gaben Gottes, aber sie stehen zugleich unter dem Beschuß des Teufels. Sie sind unser, aber wir gehören Christus; wir verfügen über sie, aber so, als hätten wir sie nicht. Es gibt ein Übermaß an Eleganz, das den Christen, Frau wie Mann, in Mißkredit bringen kann, und eine gepflegte Frisur, ein bestimmtes Make-up, schlagen in die gegenteilige Wirkung um, wenn sie mondän übertrieben werden. Wo dies geschieht, wird es an der Zeit sein, nach dem Motiv zu fragen.

Christen sind keine Leute, die das vorige Jahrhundert vergessen hat. Sie dürfen auch in ihrem äußeren Erscheinungsbild den Griechen ein Grieche, den Zeitgenossen Zeitgenosse sein. Aber für sie ist das nicht Ziel, nicht Statussymbol und Image, wie für so viele andere, sondern angenehme Nebensache.

Einer jungen Buchhändlerin habe ich einmal gesagt: »Sie sind schön und klug, Sie brauchen viel Fürbitte.« Klugheit kann hochmütig machen, Schönheit für den Betreffenden selbst und für andere zur Gefährdung werden. Zu jeder Gabe, die Gott gibt, gehört die Verantwortung, sie recht einzusetzen.

Mit dem Besten im Menschen im Bunde

Was wir heute brauchen, ist ein Leben aus der Ursprünglichkeit, in der sich von Gott geschenkte Veranlagung mit dem Betroffensein durch Christus verbindet. Warum kann ich so sein, wie ich bin? Weil ich mich von Jesus erlöst weiß. Das ist keine pausbäckig-pharisäische Sicherheit oder Überheblichkeit, sondern immer neu geschenkte Gewißheit des Glaubens. Weil ich erlöst bin, darf ich mich unter den Menschen gelöst bewegen, darf ich über mich selbst lachen und dem anderen begegnen als jemand, der nach dem Besten in seinen Mitmenschen Ausschau hält.

Mit dem Besten im Menschen im Bunde sein – das ist eines der tiefsten Geheimnisse christlicher Seelsorge. Ich rechne damit, daß der Heilige Geist an dem Menschen arbeitet, dem ich begegne, mit dem ich mich unterhalte; und ich vertraue darauf, daß Gott mein Verhalten und die Reaktion meines Partners koordiniert. Johannes Hansen hat einmal gesagt: »Im persönlichen Gespräch wie in der Predigt vertraue ich darauf, daß Gott meine Partner ebenso wie mich auf die jeweilige Situation vorbereitet hat.« Das veranlaßt mich, immer neu zu hören und zu fragen, was ich jetzt sagen oder tun darf, und zwar ohne daß dabei rote Punkte oder andere Signale ins Sucherbild eingeblendet werden, sondern immer neu als Wagnis des Glaubens. Das bringt mich zu kindlicher Einfalt zurück, ohne daß ich damit kindisch werde oder vergessen muß, was ich in meinem Leben gelernt habe.

Das Ursprüngliche und das Einfache christlichen Menschseins und menschlichen Christseins, wonach wir uns im Grunde alle zutiefst sehnen, das möchte ich so verlockend darstellen und anbieten, daß keiner daran vorbeigehen will, der es noch nicht erfahren hat. Ich möchte es so einfach und ursprünglich hinausrufen, daß auch mancher verkrampfte Pietist herausgelockt wird aus seiner verkniffenen Gläubigkeit zur ganzen Freiheit der Menschen Gottes; denn viele sind fromm, aber nicht froh, fromm, aber nicht barmherzig. Jesus aber lockt die von drinnen und die von draußen in sein Licht, in seine Wärme und in seine Freiheit.

Geht es hier nicht ein Stück weit um die Befreiung des Pietismus? Wir sind oft die großen Schwarzmaler, die Unheilverkünder, und wir sind es zu Recht; aber das ist nur die eine Seite. Die andere ist eben die, daß ich mit dem Besten im Menschen im Bunde sein darf, daß ich mir Mühe gebe, es in seinem Leben zu entdecken und ihn darauf anzusprechen.

Mir ist das nicht zuletzt durch die Auseinandersetzung deutlich geworden, die wir in der Bekenntnisbewegung führen. Wir müssen unseren Kampf geistlich austragen. Unser Ziel kann nicht darin bestehen, unsere theologischen Gegner abzuschießen, sondern sie zu gewinnen. Das entbindet uns nicht von kompromißloser Klarheit, wenn es um die ganze Wahrheit des Evangeliums geht; aber gerade weil dabei von Menschen letztlich unantastbare Wahrheit Gottes auf dem Spiel steht, brauchen wir uns ihretwegen nicht zu prügeln.

Auch das gehört zur Seelsorge, daß wir unsere geistlichen Auseinandersetzungen so führen, daß wir morgen ans Sterbebett unseres andersdenkenden Gesprächspartners gerufen werden können. Wenn man uns beschimpft, gibt uns das kein Recht, zu schimpfen; wenn man uns verhöhnt, haben wir daraus kein Recht abzuleiten, unsererseits auch andere zu verspotten. Ich fürchte, manchmal sind wir es gewesen, die sich zuerst im Ton vergriffen haben, als wenn wir Gottes Sache auf unsere Weise retten könnten oder müßten. Auch ich bin in diesem Zusammenhang durch einen Wachstumsprozeß gegangen, ich habe durch fanatisierende Aussprüche manches falsch gemacht.

Bei theologischen Auseinandersetzungen, in der Familie, am Arbeitsplatz und in der Gemeinde – bei allen Sachfragen geht es zugleich um Menschen. Sie mögen uns verletzt haben oder uns unsympathisch sein, irgendwo haben auch sie ihr »Bestes«, und sie haben ein Recht darauf, daß wir sie gerade da ansprechen.

> Es ist in jedem Ding ein Klang
> wie in der Kirchenglocke
> und wartet auf den Glöckner bang,
> daß er den Klang entlocke.
> Herr, gib uns Glöckner, die verstehn,
> die Glocken recht zu schwingen.

Schlüsselworte

Es liegt mir daran, daß Schlüsselworte nicht mit Schlagworten verwechselt werden. Da ich, wie fast alle Evangelisten, gern Schlagworte benutze, nehme ich mir das Recht, sie auch zu kritisieren.

Mit einem Schlagwort kann ich z.B. einer großen Zuhörerschaft blitzartig einen bestimmten Gedanken deutlich machen, wenn mir weder Zeit noch Möglichkeiten für lange Erklärungen zur Verfügung stehen. Das Schlagwort muß einen bestimmten Gedanken abstrakt, vereinfacht, einseitig, vor allem aber einleuchtend darstellen; und Vereinfachung und Anschaulichkeit gehen dabei fast notwendig zu Lasten der Wahrheit im Gesamtzusammenhang. Mit einem Schlagwort – man kann das fast wörtlich nehmen – gibt mir einer einen Schubs, damit ich hochspringe, merke, worum es geht und daß ich gemeint bin. Schlagworte und Schläge haben eins gemeinsam: sie machen munter, aber man kann davon nicht leben. Deshalb sollten wir sie sorgfältig dosieren, vor allem in der Theologie.

Das Schlagwort gleicht einem Feuerwerkskörper, der mit einem mordsmäßigen Knall farbenprächtig und funkensprühend für kurze Zeit die Aufmerksamkeit erregt, um dann wieder zu verglühen. Schlüsselworte dagegen verbreiten eine weit weniger aufwendige, aber stetige Helligkeit.

Die Grenze zwischen Sünde und Krankheit

Ein Schlüsselwort ist für mich z.B. der Satz Gerhard Bergmanns: »Die Grenze zwischen Sünde und Krankheit ist nur Gott bekannt.«

Das kann sicher manchmal für unsere eigene Situation gelten, vor allem aber hilft es uns zum Verständnis für die seelsorgerliche Betreuung gefährdeter Menschen. Ich werde nie vergessen, wie die Leiterin eines Fürsorgeheims mir sagte: »Wenn es uns schon nicht gelingt, manche dieser Mädchen in ein geordnetes Leben zurückzuführen, so können wir ihnen vielleicht doch zu einem seligen Sterben verhelfen.« Es gibt Menschen, die bis ans Ende ihres Lebens immer wieder im Wackelkontakt mit der Problematik ihrer Erbanlage bleiben. Etwas von diesem Kampf kennen wir alle aus eigener Erfahrung. Manchen Menschen kann Gott vielleicht nur durch diese immer neu erlittene Armut an sich binden, weil er ihn anders nicht festhalten könnte.

»Nicht mitleidig gegen sich selbst sein«

Ich kenne einen Arzt, der den Mut hatte, in seinem Sprechzimmer den Spruch aufzuhängen: »Wirf Sorgen und Schmerz ins liebende Herz des mächtig dir helfenden Jesus.« Das war natürlich nicht seine einzige, aber vielleicht auch nicht die schlechteste Methode, seine Patienten zu behandeln. Von diesem Mann habe ich einen Satz behalten, den andere Leute in ähnlicher Formulierung auch gesagt haben: »Man darf nicht mitleidig gegen sich selbst sein.«

Man muß diesem Arzt lassen, daß er auch im Blick auf uns Christen eine gute Diagnose stellen konnte; denn er hat den Nagel auf den Kopf getroffen. Wir tragen um niemanden so gern, so inständig und soviel Leid wie um uns selbst. Die Tränen können uns kommen, wenn wir daran denken, wie andere uns behandeln. Und haben wir etwa nicht recht?

Vielleicht gehört der Satz vom verbotenen Selbstmitleid zu denen, die man zweimal lesen muß; denn er stellt unsere landläufige Auffassung auf den Kopf und will uns deutlich machen, wie wir uns als Christen mit unserem Selbstmitleid selbst auf den Leim gehen. Wer sich selbst bemitleidet, sieht immer in den anderen die bösen Leute, die ihn ärgern, ihn nicht verstehen, ihm Lasten aufbürden und Schaden zufügen wollen.

Christen aber sind gerufen, nach dem Leid anderer zu fragen, mit der Erfindungskraft der Liebe herauszufinden, warum jene so reagieren, daß wir es als unfair, boshaft und gegen uns gerichtet empfinden. Christen fragen nach dem Leid, das ihren Bruder quält und veranlaßt, andere zu verletzen. Wer sich selbst bemitleidet, ist nicht mehr in der Lage, im Blick auf andere Menschen als Christ zu reagieren und zu handeln.

»Verliert bei näherer Bekanntschaft«

Ich glaube, von Graf Pückler, dem Gründer der DCSV, stammt der Ausspruch: »Eigentlich müßte man unter jede Visitenkarte schreiben: Verliert bei näherer Bekanntschaft.«

Wie leicht liebt es sich doch auf Distanz! Da sind die Glaubenshelden und alle unsere Bekannten so nette Leute. Gott müßte uns einmal mit Vorder- und Nebenmännern zusammen in Noahs Arche einschließen; wenige Tage würden vollauf genügen. Dann würden wir nicht nur die Sonntagvormittags-Gesichter unserer Freunde kennen, sondern auch ihre weniger sympathischen Seiten, die sie eine Zeitlang genau so gut zu verbergen verstehen wie wir. Erst wenn wir sie dann noch »lieben«, gebrauchen wir dieses Wort genaugenommen zu Recht.

Es ist beides gleich fatal: sich selbst mit einem falschen Nimbus zu umgeben, oder andere durch eine rosarote Brille zu betrachten. Karl Heim hat gesagt: Wenn wir an Menschen, an denen wir zu sehr hinaufschauen, Dinge feststellen, die zu unserer Ernüchterung beitragen, so ist das Barmherzigkeit Gottes; denn wir sollen uns nicht an Menschen verlieren, sondern letztlich allein an Jesus orientieren.

»Dem Einsamen ein Zweiter werden...«

Wir bezeichnen den Heiligen Geist gern als Tröster. Das Wort »consolatio«, das an dieser Stelle in der lateinischen

Bibel steht, ist zusammengesetzt aus dem Adjektiv »solus« (= der Einsame) und der Vorsilbe »con-« (= mit). Der Heilige Geist ist also einer, »der dem Einsamen ein Zweiter, ein Gefährte wird«.

Weil Gott das bei mir tut, darf ich an meinem Nächsten ebenso handeln: ihm in seiner Einsamkeit ein Zweiter werden, ihn zum Grab eines Angehörigen begleiten, ihn am Ort seiner Furcht nicht allein lassen; dabeisein, wenn er sein Alleinsein nicht ertragen kann. Das kann durch die Fürbitte geschehen, vor allem aber dann, wenn ich dem anderen das Gefühl körperlicher Nähe gebe.

»Dabeisein ist alles«, sagen die Sportler hinsichtlich großer internationaler Wettbewerbe. »Dabeisein« ist aber auch ein Schlüsselwort christlichen Alltags: Dabeisein in der Not unseres Nächsten, in seinen Problemen, seiner Angst. Das ist eine Form »christlicher Präsenz«, die wir, fürchte ich, oft übersehen und versäumen. Der Heilige Geist ist der Tröster; vermutlich könnte er durch uns noch viele andere trösten, wenn wir nur dazu bereit wären. Wie hat Blumhardt gesagt? – »Der Heilige Geist ist kein Kaputtmacher, sondern ein Mutmacher.«

»Gott sorgt dafür, daß diejenigen Menschen, die wir brauchen, zur rechten Zeit in unserem Leben erscheinen.«

Welche Möglichkeiten ergeben sich, wenn wir dieses Wort ernst nehmen und ihm vertrauen, welche Entkrampfung und Befreiung kann das bei uns auslösen: Es ist kein Zufall, daß jener Mensch, den ich so unsympathisch finde, sich noch immer in meiner Nähe aufhält; und es ist nicht von ungefähr, daß der eine Mensch, den ich mit allen Fasern meines Herzens herbeisehne, noch nicht in mein Leben getreten ist.

Das braucht sicher nicht zu heißen, daß ich mich nicht um Kontakte und Bekanntschaften bemühe; aber ich kann es als ein erlöster Mensch tun, der von dem Druck befreit ist, sein Leben selbst gestalten zu müssen.

»Gott ist im Kleinsten am allergrößten«

Natürlich haben wir diesen Satz schon hundertmal gehört, aber haben wir ihn nicht neunundneunzigmal auf die wunderbare Welt des Mikrokosmos bezogen, die sich dem menschlichen Auge durch das Mikroskop erschließt?

Wenn er aber dort stimmt, dann muß er auch an anderen Stellen zutreffen, ja dann muß er für mein Leben gelten: Dann ist Gott in den kleinen, in den kleinsten Dingen meines Alltags ganz groß, dann zählen die Sekunden, die unscheinbaren Pläne und Verrichtungen und die kleinen Gedanken meines Herzens. Und wenn Gott in den Sekunden meines Lebens groß ist, dann werden meine Tage und meine Jahre hell und weit sein, selbst im Leid und in der Enttäuschung.

»This day is the first day of the rest of my life« – »Dieser Tag ist der erste Tag vom Rest meines Lebens.«

Jeder Tag ist ein erster Tag, ein taufrisches, völlig unabgenutztes, unberührtes Heute, in das ich voll Freude und Erwartung eintreten darf. Die bösen Erfahrungen von gestern sind noch in Erinnerung, aber sie haben keine Gewalt über den neuen Tag, denn es ist ein erster Tag, über dem Gottes Güte neu und unverbraucht aufleuchtet.

Ich möchte zwei Sätze anfügen, die dem von mir selbst aufgestellten Kriterium eines Schlüsselwortes nicht ganz genügen; wenn ich sie trotzdem nicht weglasse, so nicht wegen des Humors, der aus ihnen spricht, sondern wegen des Trostes, der darin enthalten ist.

»Gott tut das Größte durch theologische Nullen.«

Dieses Schlatterwort bedeutet nicht weniger, als daß die großen Taten Gottes in dieser Welt nicht unbedingt von den Leuten verrichtet werden, die zehn Semester Theologie studiert haben und alle alten Sprachen beherrschen. Ein schlichter Christ, der seine Bibel mit Mühe, aber mit dem

Herzen buchstabiert, kann ein dem ihren durchaus ebenbürtiges Werk vollbringen. (Auch wenn die Gescheiten die Arbeit des Einfältigen vielleicht mitleidig belächeln.)

»Die Kirche ist ein Schiff, das durch lauter Nieten zusammengehalten wird.«.

Über dieses Wort eines Bischofs aus der DDR darf man ruhig lachen, nur sollte es ein befreiendes Lachen sein. Denn diese Feststellung, so humorvoll sie ist, erlöst uns von allem großen Getue, von aller Wichtigtuerei und falscher Selbstüberschätzung. Sie bezeichnet uns als das, was wir, menschlich gesehen, sind und bleiben. Und wenn die Kirche dennoch nicht untergeht, obwohl wir alle dazugehören – was für einen Herrn muß sie dann haben!

Die Evangelische Kreuzkirche in Lüdenscheid

Nachwort

Je älter ich werde, um so stärker wird meine Verbindung zu Luther. Nicht als Luther-Fan, sondern als ein Mann, der in den theologischen Grundpositionen des Reformators sich selber findet: in der Rechtfertigung des Sünders allein aus Gnade, allein durch den Glauben. Vielleicht kann man erst in dieser Lebensphase ermessen, was es bedeutet, wenn Luther sagt: »Die Heiligen Gottes bleiben immer am Anfang«, oder: »Der Christ ist immer im Werden, niemals im Gewordensein.« Dann nämlich, wenn man bei sich selbst entdeckt, daß dies auch nach Vollendung des 70. Lebensjahres noch Gültigkeit hat.

Vielleicht versteht man dann auch den kritischen Hinweis an Melanchthon besser: »Du stehst in der Gefahr, vor lauter Angst schuldig zu werden, das nicht zu tun oder zu sagen, was Du eigentlich tun oder sagen müßtest.« Und wenn Luther den manchen vielleicht gefährlich erscheinenden Ausspruch wagt: »Pecca fortiter, sed crede fortius = »Sündige tapfer, aber glaube noch tapferer« – so tut er das unter der Voraussetzung, daß man von den tiefen Verwurzelungen der Sünde im eigenen Leben schon zuviel begriffen hat, als daß man diesen Satz als eine frivole Aufforderung zu frisch-fromm-fröhlicher Nichtachtung göttlicher Gebote auffassen könnte. Dazu muß man erfahren haben, daß Nichtstun als Sünde schwerer wiegen kann als das Risiko, mit dem Mut zum Handeln auch die Möglichkeit falsch zu handeln in Kauf zu nehmen. Es gibt Situationen, aus denen wir in jedem Fall als Schuldige hervorgehen; aber wer wagt es schon, das angesichts unseres Verständnisses von Frömmigkeit auszusprechen? Denn der »tapferen Sünde« steht dann nicht »sündlose Feigheit« gegenüber, sondern Entschlußlosigkeit, die noch größere Schuld bedeuten kann. Dann gehört Tapferkeit dazu, angesichts der eigenen Erbärmlichkeit auf die umfassendere Barmherzigkeit Gottes zu vertrauen.

Man versteht dann auch, warum die Väter, die oft viel

nüchterner waren als wir, Evangelium auch beschreiben konnten als »facultas standi extra me coram deo propter christum« = »als die gnädige Möglichkeit, um Christi willen außerhalb meiner selbst vor Gott zu stehen«.

Obwohl ich so bin, wie ich bin, um keinen Deut besser, meint Gott niemanden anderes und gerade mich. Ich darf mich selbst – den elenden Menschen, den ich verabscheue – zurücklassen, und außerhalb von mir, losgelöst von meiner Vergangenheit, meiner Gegenwart und meiner Biographie Gott gegenübertreten. Das ist »sola gratia«, unverdiente Gnade; das ist Reichtum seiner Barmherzigkeit; das ist Evangelium.

»Wenn ich Petrus malen könnte«, sagt Luther, »dann würde ich auf jedes Haar auf seinem Kopf schreiben: ›Ich glaube an die Vergebung der Sünden‹.« Und jedes Haar steht dann für eine Regung seines Wesens, für einen Zug seines Charakters, für in seinem Herzen verwurzelte Gedanken. Liefert Luther die Erklärung selbst, wenn er feststellt: »Wir sind so voll Sünde wie der Hund voll Flöhe«?

Luther konnte Reformator werden, das Evangelium so rein und klar ausrichten, weil er etwas von der Grundverderbtheit der menschlichen Natur wußte. Nicht nur das Mißtrauen gegen die Kirche, auch das Mißtrauen gegen sich selbst und seine eigene Art muß ihn dazu geführt haben, allein auf die Gnade und allein auf die Schrift zu vertrauen.

Auf diesem Fundament kann auch ich auf die 60. Frage im Heidelberger Katechismus antworten, »daß Gott mich um Christi willen so ansieht, als hätte ich nie eine Sünde begangen noch gehabt, und all jenen Gehorsam geleistet, den Christus für mich vollbracht hat, obwohl ich selber keines der Gebote jemals gehalten habe und immer zu allem Bösen fähig und geneigt bin«. – Was im Angesicht Jesu vor Gott über mich gilt, das gilt wirklich: gegen jeden Augenschein, gegen mein eigenes Urteil ebenso wie gegen das anderer Menschen.

Das neue Leben aus Gott ist in mir verborgen. Es gibt keinen Maßstab, an dem Dritte ablesen können, wie weit es gediehen ist. Mein neues Leben, das ist im tiefsten Grunde Jesus, und er wohnt in mir. Gott gebe, daß die anderen zeichenhaft immer mehr davon merken. Aber auch Paulus war Realist. »Euer Leben ist verborgen mit Christus in Gott«, schreibt er den Kolossern; erst zu den wunderbaren Dingen der neuen Welt Gottes wird gehören, daß dieses neue Leben in einer neuen Leiblichkeit voll offenbar wird.

Das heißt: »Leben aus dem Evangelium«, das bedeutet: »Ist jemand in Christus, so ist er eine neue Kreatur.« Dann werden wir auch Heiligung nicht länger mißverstehen als eine höhere Stufe der Rechtfertigung, sondern als das, was sie wirklich ist: als Rechtfertigung, für die wir immer neu zu danken haben. Und aus dem Dank wächst keimhaft das neue Leben. Die Rechtfertigung ist bereits vollkommen vor Gott; und nur was vor Gott gilt, gilt wirklich. Meine Jüngerschaft, meine Heiligung aber ist im Anfang, im Aufbruch; »incoepta« = sie liegt noch in den Windeln, sagten die Väter.

Der »elende Mensch« und alles, was Paulus in Römer 7 über ihn zu sagen hat, verfällt mit dem Tag meiner Bekehrung eben keineswegs unwiderbringlich der Vergangenheit und Vergessenheit, für immer ausgetauscht gegen den herrlichen Zustand von Römer 8; sondern zum Schicksal des Gerechten, der zu seiner Gerechtigkeit unterwegs ist, gehört die Gleichzeitigkeit von Elend und Gerechtigkeit. »Simul justus, simul peccator« = »gleichzeitig gerecht, gleichzeitig Sünder«, sagt Luther.

Ist solche Gleichzeitigkeit ein Rückschritt? Im Gegenteil: nur durch sie kann ich Länge, Breite und Höhe der Liebe Gottes ermessen. Denn nur als gerechter Sünder und sündiger Gerechter begreife ich, was für eine Liebe das sein muß, wenn Gott mich, trotz meiner Sünde von heute um Christi willen so ansieht, als hätte ich nie eine Sünde begangen. Nur in der Spannung dieser Gleichzeitigkeit kann ich verstehen, daß meine eigene Schwäche mich in Christus stark, meine eigene Armut mich in Christus reich macht. Denn mein neues Leben ist Jesus. Ihm gehöre ich, und nun ist er dabei, das Neue, das bei Gott schon fertig ist, Stück für Stück in mir zu verwirklichen.

Gott behaftet uns nicht auf unsere Biographie. Das macht es mir leicht, dieses Buch aus der Hand zu legen. Morgen schon, das schenke uns Gott, werden wir alle mit seiner Hilfe nicht mehr ganz dieselben sein. Und was uns in unserer Lebensgestaltung, in unseren Auffassungen, in der Ausprägung unseres Lebensstils morgen von heute unterscheidet – das ist Anlaß zu neuem Dank oder zu neuer Erkenntnis unserer Unzulänglichkeit.

Wenn dieses Buch nun auch als Taschenbuch erscheint, so ist meine Bitte, daß dadurch für die »unaussprechliche Gabe« Jesus Christus, die uns gegeben ist, »durch viele Menschen viel Dank geschehe« (2. Kor. 1,11); denn: »Wer auch nur eines Menschen Herz bewegt hat, Gott zu danken, der hat nicht umsonst gelebt« (Adolf Schlatter).